PESSOA REVISITADO

EDUARDO LOURENÇO

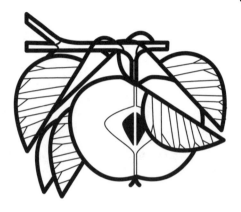

PESSOA REVISITADO

Leitura Estruturante do Drama em Gente

RIO DE JANEIRO
TINTA-DA-CHINA
MMXVII

ESTE LIVRO FOI ORIGINALMENTE PUBLICADO
EM 1973, REEDITADO EM 1980 E EM 2000 (PORTUGAL).

AGRADECEMOS À GRADIVA PELA
CEDÊNCIA DOS MATERIAIS
DA EDIÇÃO PORTUGUESA.

© Eduardo Lourenço, 2017

1.ª edição: dezembro de 2017

Edição: Tinta-da-china Brasil
Capa e projeto gráfico: Tinta-da-china Brasil

Todos os direitos
desta edição reservados à
Tinta-da-china Brasil

Rua Ataulfo de Paiva, 245, 4.º andar
Leblon 22440-033 RJ
Tel. (00351) 21 726 90 28

info@tintadachina.pt
www.tintadachina.pt/brasil

L892p   Lourenço, Eduardo, 1923-
         Pessoa Revisitado / Eduardo Lourenço — 1.ed. —
         Rio de Janeiro: Tinta-da-china Brasil, 2017.
         272 pp.; 20 cm

         isbn 978-85-65500-34-0

         1. Literatura portuguesa.
         I. Titulo.

                CDD P869
                CDU 821.134.3

EDIÇÃO APOIADA POR
DIREÇÃO-GERAL DO LIVRO E DAS BIBLIOTECAS / MINISTÉRIO DA CULTURA — PORTUGAL
INSTITUTO CAMÕES DA COOPERAÇÃO E DA LÍNGUA

À memória de
ADOLFO CASAIS MONTEIRO

À MINHA MULHER

Suave me é o sonho e a vida [...] é o sonho.
Temo a verdade e a verdadeira vida.

PRIMEIRO FAUSTO

O problema não oferece dificuldades; como a maioria dos problemas, basta, para o resolver, ver bem que problema ele é...

A. DE CAMPOS

SUMÁRIO

Vinte anos depois	13
Singular pr(o)émio	15
1 Considerações pouco ou nada intempestivas	23
2 A curiosa singularidade de "mestre Caeiro"	43
3 Ricardo Reis ou o inacessível paganismo	59
4 O mistério-Caeiro na luz de Campos e vice-versa	85
5 Álvaro de Campos I ou as audácias fictícias de Eros	103
6 Dois interlúdios sem muita ficção	145
7 Álvaro de Campos II ou a agonia Eróstrato-Pessoa	183
8 A existência mítica ou a porta aberta	217
Notas	235
Nota biográfica	265

VINTE ANOS DEPOIS

Tudo o que havia de útil ou interessante a dizer sobre *Pessoa Revisitado* — do meu ponto de vista — encontra-se no prefácio à 2.ª edição. Um livro nasce já morto ou não envelhece. Não é um personagem à Dumas condenado à nostalgia. Vinte anos depois dessa edição aparece esta terceira, como se tivesse levado duas décadas a esgotar-se. Não foi o caso, apenas o descaso de não ter sido reeditada. E isso é inexplicável para o seu autor. Além de uma proverbial incúria, haverá algum motivo para ter deixado sem leitura durante tanto tempo, e tanta glosa pessoana, um ensaio que passa por ser um marco na exegese de Pessoa?

Livro polémico, veemente, livro de urgência, o seu acidentado destino não o predispunha para *vademecum* da aventura pessoana, entretanto convertida em objecto de culto sem precedentes no nosso passado literário. Para esse ofício existiam já, há vinte anos, alguns livros que se tornaram uma referência obrigatória da crítica pessoana. Em diálogo e polémica com eles foi escrito o meu ensaio. Desde então, os livros sobre o autor da *Tabacaria* são legião. A maioria, repetição fastidiosa e até pouco honesta, do que já na década de 50 tinha sido dito ou entrevisto. Só nos últimos dez anos houve novas leituras dignas desse nome. Em Portugal e fora de Portugal. Lembro, entre elas, as de José Gil, de Leyla Perrone Moisés, de Ettore Finnazzi-Agrò e outras ainda inéditas, em livro, como as de E. Prado Coelho, Judith Blasco e Ricardina Guerreiro.

Pessoa Revisitado nunca coube muito bem no caudal da primeira grande vaga da crítica pessoana, de intenção e quadro universitário e, talvez por isso, o deixei flutuar no terreno vago do ensaísmo, de onde nunca sairá. Escrito em três semanas para me libertar de Pessoa, libertando-o das sombras que para mim o encobriam, este ensaio nada tem de pedagógico. É um livro de paixão, um romance de romancista imaginário por conta de Pessoa, antes que autênticos romancistas o convertessem na ponte das suas criações. A esse título não podia, nem pode, ser *actualizado*. Para isso teria de ser escrito à luz das novas leituras, ou contando com elas. Não é o meu propósito. Tal como é, está no *seu tempo* e, nessa perspectiva, vinte anos a mais de invisibilidade, por culpa própria, não têm importância alguma. Ou a que têm só cabe aos leitores julgá-la. Aos que nunca o leram, sobretudo. Para os outros, é história antiga. No mais favorável dos casos. Com vinte anos de silêncio em cima.

Aix les Bains,
12 de Abril de 2000

SINGULAR PR(O)ÉMIO

*Quand une oeuvre arrive à son terme il faut faire
appel au regard ennemi.*

MALLARMÉ

*Em princípio, os livros felizes não têm história. Como este
não teve uma mas duas, não pode pretender tão doce destino.
A primeira é anedótica mas nem por isso menos significativa.
A segunda é mais significativa mas nem por isso menos anedótica. Num caso e noutro trata-se de pura e simples "desleitura". Daí que se justifique esta breve conversa com os antigos e
novos leitores de um ensaio que os fados, e sobretudo um estatuto cultural que nada tem de misterioso, relegaram para o rol
das obras meio malditas.*

*Saiu este livro em plena crise anunciadora da vira-
gem política que um certo Abril coroaria de flores equívocas.
Mesmo no inverno era primavera, mas nem por isso os tempos corriam (felizmente) propícios para os manes de um poeta
de génio. Pessoa Revisitado ficou então eclipsado pelo merecido sucesso de um desses textos que são ou fazem História
antes de ser escrita. Com esse sacrifício me regozijei. Apesar
desse percalço, não sei se em pleno nevoeiro radioso, anterior à Revolução, se logo após, foi-lhe atribuído um prémio...
Ainda hoje ignoro o nome dos generosos juízes, a data e as*

circunstâncias de tão banal acontecimento. Menos banal foi ter recebido três anos mais tarde a notícia dele em breve carta anunciando-me não sei que vaga estatueta a receber como autor de A Pessoa Revisitada. *O lapso de tempo, o júri entretanto evaporado (arrependido?), a peripécia revolucionária explicam sem dúvida a deliciosa metamorfose de um título. Espero que Pessoa tenha achado justa a punição que todos os críticos merecem só por sê-lo. Eu achei-lhe graça, naturalmente. Compreendi então que o óbvio e pessoano título contribuía talvez tanto como as circunstâncias para o acidentado percurso e o êxito modesto deste ensaio. Por isso, agora, muito pedagógica e complacentemente o traio, menos para frutuosa colheita minha que para louvor e compreensão de Pessoa, pois para isso, no fim de contas, o escrevi.*

Este exterior percalço foi como uma prefiguração burlesca do destino cultural do livro naqueles meios que melhor que outros estariam preparados para o receber. Seria inexacto e injusto pretender que, mau grado as circunstâncias aludidas, este ensaio não encontrou ecos, e até não poucos, generosos, sobretudo de ordem privada. Mas são as imagens públicas que contam, e essas, adequadas ao que suponho ser novo na leitura proposta, só quase de vozes estrangeiras, de mim desconhecidas, as recebi. Aqui lhes agradeço o que se não agradece. Seria, contudo, displicência culposa, não aproveitar esta reedição sem tentar, ao menos, repudiar, com firmeza que baste, as mais deformadas e deformantes leituras que Pessoa Revisitado *suscitou.*

Não é tanto naquilo que sobre ele se disse — e não foi muito, em português — que se manifestou a sua activa desleitura. Foi naquilo que se não percebeu ou não se quis perceber. De Pessoa Revisitado *se escreveu que é um livro de exagerada adora-*

ção exegética, e acaso o seja. Prefiro e assumo esse perfil crítico passional, eco atenuado do que me foi convívio e íntima exaltação com uma das poesias mais fulgurantes do seu século, à neutralidade do olhar imaginariamente frio da instituição e do poder cultural críticos, quaisquer que sejam. Tanto mais que desde o primeiro parágrafo anunciara o desígnio de me opor ao tipo de exegeses redutoras, então em voga. Não desconhecia os seus méritos, nem os desconheço. Até porque leio sempre com atenção redobrada os autores com que não concordo de todo. Todavia e deixando de lado a motivação obsessiva de sublinhar "as contradições" da poesia de Pessoa (obsessão ou propósito a que não consigo atribuir nem sentido nem interesse), o carácter inadequado dessas interpretações resultava pura e simplesmente da leitura empírica do universo do Poeta como fragmentado *e, nalguns casos,* fragmentário. *Conseguida ou não, à data do seu aparecimento,* Pessoa Revisitado *propõe a primeira leitura orgânica da visão do autor da* Ode Marítima. *Dos pedaços a mais que havia na jarra superlativamente partida tentei descobrir a organicidade interna que os torna partes de um Todo, o Todo que as explica, por ser ele (ou a exigência que nele se encerra) quem determinou essa deflagração poética. Não foi meu propósito introduzir do "exterior", em função de qualquer hipótese hermenêutica, mais coerência do que aquela que os poemas exigem para ser lidos na luz que lhes é própria e segundo a clivagem orgânica da dialéctica global que exemplificam. Supus apenas, na linha das indicações de Pessoa criticamente aceites, que o seu* puzzle *devia ter uma orientação, um sentido, uma coerência poética manifesta a todos que pelos poemas se deixassem guiar em vez de lhes impor uma lógica "crítica", heterogénea ao movimento e à dinâmica que neles se exprime.*

EDUARDO LOURENÇO

Hoje, a amplitude dessa leitura ou a justa adequação dela a este ou aquele detalhe pode suscitar reparos, mas não a exigência dessa organicidade *que a acumulação torrencial dos comentários e dos comentários dos comentários, num acesso de antropofagia crítica sem precedentes, só tem acentuado.*

Também o ponto de aplicação dessa leitura orgânica — ou, como no subtítulo se dizia, "estruturante" — foi objecto de impugnação. Sob o modo "psicanalítico" — julgado mais complexo ou subtil que o famoso de João Gaspar Simões — a minha interpretação, além de não elidir a armadilha do "psicologismo", reforçá-la-ia, conferindo à pressão do inconsciente pessoano uma presença hegemónica e descurando o carácter "evidente" ou eminentemente lúdico *da sua criação. Como se os "jogos" do inconsciente fossem incompatíveis com o "jogo" poético que se pode constatar à superfície dos poemas. É possível que as explicações ou sugestões de recorte psicanalítico, mesmo com as cautelas com que são apresentadas, ocupem na minha leitura de Fernando Pessoa um peso excessivo. Na verdade penso que ele é apenas — e muito — deficiente, embora nessa deficiência se mostre produtivo e esclarecedor. De qualquer modo e contrariamente ao que se escreveu, o essencial da minha leitura não se resume a essa temática psicanalítica enquanto simples refinamento da já utilizada por João Gaspar Simões. Mais estranho ou apenas inexacto é ainda afirmar que faço desempenhar à ausência do Pai a função explicativa genérica que João Gaspar Simões na sua célebre biografia atribui à "ausência da Mãe" ou à sua "traição". Basta reler o que escrevi para notar como é imprópria uma tal desleitura. No meu ensaio só se alude à hipótese de uma misteriosa culpabilização (autoculpabilização) relacionada com o complexo erotismo de Pessoa. Tudo o mais é extrapolação sem fundamento. O essencial de Pessoa Revisitado — e tive a sorte de ser compreendido assim por alguns críticos de renome — nada tem a ver com a maior ou menor eficácia dessa hipótese da "culpabilização" enquanto dado psicológico (superficial ou profundo), mas com a sua produtividade enquanto elemento capaz de introduzir uma coerência temática estrutural na visão poética de Fernando Pessoa, textualmente verificável. Todavia, bem mais importante que o esclarecimento "psicanalítico" dessa temática — sempre conjectural — é o esclarecimento do mecanismo criador de Pessoa, em particular aquele que pode ser confirmado irrefutavelmente ao nível do texto. Se de psicanálise se trata é de psicanálise do texto e não do sujeito criador dele. O processo heteronímico recebe, assim, pela primeira vez, uma interpretação não psicologista, e essa interpretação foi-me imposta por uma nova leitura dos poemas através dos quais se operou a passagem do Pessoa simbolista à heteronímia representada por Caeiro, Reis e Campos. Bastou ler o que está nos poemas para descobrir a séria "comédia" heteronímica, quer dizer a sua intrínseca intertextualidade. À data do meu ensaio as explicações psicológicas, históricas, ideológicas da heteronímia constituíam já um dédalo inextricável e propor mais uma, mesmo arqui-subtil, só o tornaria ainda mais denso. As verdadeiras explicações, ou o que com elas se parece, são sempre simples. Não era a heteronímia como processo genérico de criação poética que necessitava explicação. Não era sequer a heteronímia como disposição específica de um poeta chamado Pessoa, e que já dela fornecera, nessa linha, ao mesmo tempo a mais clara e mais suspeita das explicações. O que necessitava esclarecimento era o mecanismo textual e imaginário que dera origem, não a três universos poéticos de aparência autónoma, mas àqueles textos específicos que foram para o Poeta e são para nós Caeiro, Reis e Campos. Foi esse esclarecimento que se me tornou possível no dia em que descobri que o jogo de máscaras de superfície descrito (e encoberto) pelo próprio Fernando Pessoa era um* travesti *de outro mais radical cujo centro se encontrava na relação "perversa" do autor da "Ode Triunfal" com Walt Whitman. Negado onde parecia estar com tão excessivo mimetismo (Álvaro de Campos), Walt Whitman estava presente onde não se buscara (Caeiro). Com este fio condutor os poemas de Campos e sobretudo de Caeiro tinham* a primeira leitura textual *de que foram objecto e ao mesmo tempo a sua compreensão dialéctica e poética concretas.*

Um ensaísta e crítico benevolente falaria a este propósito de "revelação". O termo será impróprio mas foi assim que me apareceu toda a questão textual da heteronímia no momento em que me foi sensível o falso whitmanismo da Ode Triunfal e o verdadeiro whitmanismo de Caeiro, numa inversão ou até numa invenção de perspectiva oposta a todas as minhas conhecidas. Infelizmente, desejando a exploração detalhada desse mecanismo que tanta tinta fizera já correr para obra de mais repousada feitura, limitei-me apenas a sugerir, mas ainda assim com suficiente ênfase, as linhas gerais dessa comédia dentro da divina e dramática comédia da criação poética de Pessoa. Esta discrição foi-me funesta. O essencial do meu ensaio parece ter sido — até uma data recente — submerso pela insistência psicanalítico-existencial posta na leitura dos poemas de cada heterónimo quando essa mesma leitura — até então sem globalidade possível nem sequer tentada poema a poema — não tem sentido senão na luz da dialéctica implicada na génese teatral de onde procede.

Nem por outro motivo subintitulei Pessoa Revisitado Leitura Estruturante do Drama em Gente.

A terra inteira está povoada de anacoretas pessoanos dedicados noite e dia à sua glosa antropofágica, consumindo na mesma adorante devo(ra)ção a poesia de Pessoa e a glosa dos outros glosadores. A exegese pessoana é hoje uma selva luminosa onde ninguém está disposto a reconhecer pai e mãe. Na verdade um contacto "inocente" ou acintosamente ingénuo (livre) com a obra de Pessoa tornou-se impraticável. Nenhum deus escapa à perversão do ritual inventado para o tornar presente. Chega sempre um dia em que é necessário negá-lo para o sentir ainda vivo. Não tenho essa coragem. Apenas a melancolia de repetir, sem lhe alterar uma sílaba, aquele "antigo encantamento" de mago sem condão onde um dia se condensou a minha paixão inútil pela vida como poesia, e pela poesia como vida.

Vence,
7 de Novembro de 1980

I
CONSIDERAÇÕES POUCO OU NADA INTEMPESTIVAS

O que é preciso é compenetrarmo-nos de que, na leitura de todos os livros, devemos seguir o autor e não querer que ele nos siga.

A. Mora

Le génie est une classe formée d'un seul individu.

G. Bachelard

O autor deste ensaio[1] toma a sério e em toda a sua extensão a ideia de que Pessoa é uma natureza genial. Quem conhece a exegese suscitada pela obra do Poeta sabe que esta ingenuidade não é comum. Não ignorará também que a aparente facilidade dessa aceitação não resolve questão alguma. É só uma exigência, na verdade temerosa, de suportar o peso dessa convicção e os encargos a que obriga. Toda a nossa leitura não será outra coisa do que reiteração permanente dessa ingenuidade basilar. Ela significa que vemos no "verbo" de Pessoa, mormente naquele que configura e plasma com mais irrecusável fulgor essa "genialidade", uma espécie de luz ou de fogo que

---

1   A ideia central deste ensaio, *Pessoa Revisitado*, foi exposta pelo autor numa conferência do "Círculo Cervantes", de Nice, em Maio de 1967. (*N. do A.*)

ilumina e transfigura a realidade, tal como ela se apresenta antes e fora dessa iluminação. Antes mesmo de saber com o máximo de plenitude o que os poemas de Pessoa *são*, aparecem-nos originalmente como a luz na qual nos é dado ver o que até eles não víamos. Assim, os poemas se instituem — como em todos os grandes poetas — os guias de quem os comenta, pois é por eles serem obra e acto de génio que o leitor se descobre leitor de poemas e passa da relativa treva espiritual que lhe é própria à mais funda claridade. Ora um crítico não é nunca outra coisa que o leitor — mesmo o crítico dos seus próprios poemas — de um verbo genial ou pela genialidade tocado. O crítico que se não ilude sobre a natureza dos seus poderes, é antes de tudo o que distinguiu, e em seguida compreendeu e integrou no horizonte que lhe convinha, "a luz nova" que o génio representa. Em suma, e apenas, aquele que foi descoberto e aberto por ela, e cujo dever, daí em diante, será o de a comunicar, de ser seu apóstolo, sem jamais esquecer a distância que dela o separa. Suponhamos um leitor que certo dia cai sobre estas linhas:

> Não meu, não meu é quanto escrevo.
> A quem o devo?
> De quem sou o arauto nado?
>
> Por que, enganado,
> Julguei ser meu o que era meu?
> Que outro mo deu?[2]

2   *Obra Poética*, p. 96. Salvo indicação contrária, todas as citações dos poemas de Pessoa são extraídas da edição da sua *Obra Poética*, editora Aguilar, Rio de Janeiro, 1960, organizada por Maria Aliete Dores Galhoz. Será designada por O.P.

Ou sobre estas:

> Súbita mão de algum fantasma oculto
> Entre as dobras da noite e do meu sono
> Sacode-me e eu acordo, e no abandono
> Da noite não enxergo gesto ou vulto.
>
> Mas um terror antigo, que insepulto
> Trago no coração, como de um trono
> Desce e se afirma meu senhor e dono
> Sem ordem, sem meneio e sem insulto.
>
> E eu sinto a minha vida de repente
> Presa por uma corda de Inconsciente
> A qualquer mão nocturna que me guia.
>
> Sinto que sou ninguém salvo uma sombra
> De um vulto que não vejo e que me assombra,
> E em nada existo como a treva fria.[3]

De duas uma: ou essa leitura não o subtrai à tranquilidade morna da sua existência, inscrevendo-se apenas nela como uma "informação" suplementar, ressentida acaso como uma banalidade; ou essa leitura arranca o espírito da sua claridade habitual, entenebrece-o, destilando um pavor feliz na falsa infinitude da sua consciência sonâmbula. Só neste último caso o poema existe, abrindo em nós avenidas para nenhum jardim, inundando de luz nenhum espaço que possa ser nomeado mas de tal modo

---

3   O. P., p. 57.

que claramente percebemos que devimos *outro*, quer dizer, o mesmo, mas como iluminado por dentro e sem fim. É a "joy for ever" de Keats, a existência do poema em nós e nós nele. Mas se assim é, se nós devemos uma mais alta existência, ou existência-outra, como dizia Bergson a propósito da música, a essa realidade que nos arrasta para o seu círculo e nos domina libertando-nos, como pretender jamais situar-se num ponto que a domine a ela? Não há génio *crítico*, mesmo o do crítico de génio. Que dizer dos que o não são? Por ser poema (na medida em que realmente o é...) o poema tem sempre "razão", se é a tentação de lha exigir que está em causa. Mas mesmo fora dele, o discurso daquele que noutra esfera se nos revelou capaz de génio deve suscitar, quando se esboça a tentação de o declarar ininteligível, incoerente ou nulo, um salutar reflexo de humildade. É sempre plausível que essas "razões", que tão caducas ou insólitas nos parecem, tenham razões que a nossa mais modesta razão de críticos desconhece. Uma obra de génio não é um pasto todo preparado para a ruminação obrigatória da "cultura". É um desafio, é até um precipício para quem não tem asas para atravessar o natural abismo que ela representa, como escreveu Nietzsche. E em princípio ninguém as tem quando o génio aparece, salvo os que consentem em o atravessar servindo-se das asas dele.

Não temos nem queremos outro guia que o próprio Pessoa. Recentemente, um dos seus clássicos exegetas admitiu a hipótese de ser ele o seu mais lúcido comentador. É o que alguns sempre pensaram, em particular Casais Monteiro e Jorge de Sena, que não por acaso são poetas e posteridade autêntica de Pessoa. Quanto a nós, seria absurdo não aplicar um princípio geral de exegese poética justamente àquela poesia cuja essência implica no seu criador um máximo de autocompreensão. Decerto, como a toda a gente, a maquinaria fantástica da heteronímia, a glosa superlativa e inconclusa de que foi alvo e que confiscou em seu proveito a atenção devida à "poesia" de Pessoa, como o sublinhou com irritação Casais Monteiro, não deixou de criar perplexidade. Mas sempre Pessoa e o que se costuma considerar como as suas "antinomias" ou "contradições" ou paradoxos, ou mesmo aberrações, nos pareceram mais luminosos que as considerações em torno deles. Quanto a essa *poesia* mesma, poucos críticos, talvez só dois (é verdade que poetas também) souberam subtrair-se, ao menos em princípio, ao alegado caos da complexidade de Pessoa que é inteligível e ao dos comentadores que o é menos, declarando em suma que *a sua poesia é demasiado clara*. José Régio o insinuou sempre, como forma de a neutralizar e António Ramos Rosa com clara perspectivação a partir de um horizonte cultural de mais radical hermetismo que aquele que serve a Pessoa de matéria poética mas não de obstáculo puro. De uma maneira geral, toda a poesia é a mais alta "claridade" de uma época e no seu espelho é o resto que é obscuro. Mas Ramos Rosa quis apenas sublinhar que os comentadores se perdiam numa complexidade secundária, procurando nela a chave de uma outra, *a poética,* a qual não é precisamente complexa, se por tal se entende a arquitectura e o corpo mesmo dessa poesia. Ramos Rosa tem razão. A poesia de um Sá-Carneiro é bem mais irredutível e inexplicável que a de Pessoa e por isso mesmo um Régio a terá como superior a ela. A verdade é que não estão situadas no mesmo plano. A genialidade de Sá-Carneiro situa-se ao nível "ôntico", é a sua imaginação deflagrada colhendo em acto as imagens fulgurantes nascidas do corpo a corpo com a realidade imediata da sua sensibilidade ou dos desenhos dela na aresta dos dias. A de Pessoa situa-se imediatamente ao nível do "ontológico" (é ontologia em acto), sendo como é, pura e interminável interrogação sobre o ser múltiplo das "verdades" ou das "vivências" em que o pensar nelas as converte.

O poeta é aquele que escolheu ter um ser através da sua linguagem. Isso pressupõe que a linguagem possa dizer o ser. Por essência a poesia nunca duvidou disso, ou duvidou afirmando-se através dessa dúvida. A suprema dúvida a esse respeito chama-se Mallarmé mas nele relaciona-se com a máxima exigência pedida à Poesia: ser "explicação órfica da Terra", quer dizer, verbo criador do ser. No deserto desta dúvida e no esplendor futuro de a negar, se situa a clara e mítica aventura poética de Fernando Pessoa. Se as poesias de Pessoa e a sua actividade global nos parecem *insólitas* ou ininteligíveis ou contraditórias é porque nelas tem lugar efectivamente o combate pelo máximo de claridade de que a linguagem foi objecto entre nós — e não só entre nós — e que a consciência do Poeta se fracciona e se une em função desse desejo demoníaco ou celeste de uma total autotransparência. Como não conhecemos *lugar* algum em que a autotransparência se tenha revelado — sobretudo não a conhecemos sob a forma "crítica" — o mais prudente é consentir receber do monstruoso combate de Pessoa por ela a luz propícia para percorrer com algum sucesso labirintos que ele mostrou não serem só dele, pois é neles e na sua companhia que nós com terror e alegria nos perdemos. Não são tais labirintos "literatura", e muito menos "de literatura", e só exteriormente o são até de *poesia* que quando o é da extremada forma que em Pessoa recebeu, é, na verdade, aventura sem nome próprio.

Não é necessário ser criador de poemas para ser *poeta* no sentido radical que nós lhe damos, e Pessoa lhe dava. Tomás de Aquino escrevendo milhares de páginas de uma claridade soberana e considerando-as "palha" não está longe de Rimbaud silenciando após as queimaduras de uma *Saison en enfer*. Fernando Pessoa, que muitos consideram o maior dos nossos poetas modernos e um dos maiores do século xx, não pensou nunca que aquilo que ele buscava tivesse finalmente tomado forma nos *poemas,* em que nós, seus leitores, usufruímos aquela espécie de *vitória* em que ele não pôde nunca crer até ao fim. Pessoa não escreveu para vencer qualquer coisa de nomeável, mas para nomear aquilo mesmo que visionado determinou o fabuloso fracasso de que os *poemas* são o lugar e o signo de uma redenção sem redentor.

A mesma aventura aconteceu aos grandes poetas modernos. Pode pensar-se mesmo que *a modernidade* é precisamente o fracasso transfigurado, tal como em ordens diferentes Mallarmé e Rimbaud o encarnaram. Somente, em Pessoa, a extensão do desastre atingiu a raiz do projecto poético, impedindo-o, no sentido comum do termo, de ser *um* poeta. O seu fracasso clamoroso — e sem exemplo — consistiu em se converter, por impotência, ao mesmo tempo ocultada e transcendida, *em vários poetas* responsáveis por visões do mundo à primeira vista divergentes, suscitadoras de formas igualmente distintas.

Como é universalmente sabido, o próprio poeta crismou a sua aventura de *heteronímia,* distinguindo-a, a justo título, da mais comum *pseudonímia.* Com efeito, a heteronímia não se distingue da pseudonímia como o mais do menos. Há entre elas uma diferença de estatuto, por conseguinte, de significação. O autor não esconde um *mesmo texto* sob nomes diferentes: ele é *vários autores* apenas e na medida em que é *vários textos,* isto é, textos que exigem vários autores. Tem sido o exame desta famosa heteronímia e da sua significação enquanto momento espectacular da história da consciência moderna o que sobretudo tem interessado a mais estruturada exegese de Fernando Pessoa. A pontos de não poucas vezes a poesia ter ficado sepultada sob o *caso,* como sucedera outrora com Antero, mas em escala ainda superior. Alguns pensarão que é já tempo de considerar essa poesia em si mesma, independentemente do modo da sua aparição e do jogo por ela criado. Infelizmente, esse radicalismo, teoricamente possível, tem-se revelado, no caso de Pessoa e na fraca medida em que foi tentado, uma fonte suplementar de equívocos. A compreensão da poesia do autor de *A Tabacaria* e a do jogo heteronímico vão de par. E não é senão por terem falhado ou unilateralmente terem compreendido este último que os exegetas da primeira nos têm oferecido uma interpretação global do universo de Pessoa que merece e deve ser "revisitada", mau grado a contribuição substancial e os pontos de vista já "clássicos" dos mais conhecidos dentre eles.

Surpreendidos pelo fenómeno *literário* insólito de uma constelação de *poetas,* reivindicando pela boca do seu criador ou deles mesmos um direito à existência digno das melhores peças de Pirandello, os primeiros intérpretes tentaram tudo o que estava em seu poder para reduzir a *estranheza* desse desdobramento artístico. Esta *redução* tomou três direcções principais, mas finalmente complementares: a primeira consistiu em encontrar na *vida* do Poeta, na sua psicologia real ou suposta, as motivações dessa diversificação em poetas, característica da sua criação literária; a segunda, em mostrar, através da análise de cada um dos poetas que Pessoa pretendeu ser, que a apregoada autonomia não resiste a um exame, nem dos temas, nem das particularidades estilísticas; a terceira, finalmente, reenvia essa estranheza, diagnosticada como simples difracção de um comportamento histórico absurdo característico de uma classe sem futuro inteligível para essa mesma história de que é reflexo. Assim se utilizaram as três perspectivas que, segundo o autor da "Nova poesia portuguesa no seu aspecto psychologico[4]" se impõem na análise de uma obra: a *psicológica,* a *literária,* a *sociológica,* respectivamente representadas por João Gaspar Simões, Jacinto do Prado Coelho e Mário Sacramento. Por maiores que sejam as diferenças entre elas (e cada uma participa em grau diverso das três perspectivas) uma coisa as unifica: mau grado o contributo histórico que cada uma representa e as inúmeras questões que debateram ou resolveram em relação à génese ou interpretação dos poemas, mau grado mesmo a subjectiva vontade de tentar erguer um monumento ao Poeta (salvo Mário Sacramento), tido como "genial", o perfil último que da sua *poesia* (e mesmo do homem) se destaca

4   In A *Águia,* 2.ª série, 1912, p. 86.

é, paradoxalmente, *negativo*[5]. De uma maneira, por assim dizer, fatal, passou-se insensivelmente do campo da análise da heteronímia ao do seu desmascaramento, já com forte coloração pejorativa e, em seguida, à desmistificação não só do *jogo heteronímico* como do processo poético que ele estrutura, finalmente submetido a uma espécie de *desmitificação*. Tudo se passa como se os críticos, inconscientemente, tivessem querido punir Pessoa de ter levado consigo a chave de um labirinto onde eles se perdem. A exegese psicologista, a quem se devem intuições capitais, acabou desesperada por englobar a criação inteira de Fernando Pessoa num processo de *automitificação;* a análise estilística-psicologista, mais cautelosa, contentou--se com pôr em evidência as *contradições* inerentes a cada um dos *poetas* que constituem Pessoa, distinguindo no jogo da sua criação, com real acuidade, camadas de realidade e valores poéticos comuns; finalmente, a análise sociológica, hábil e por vezes admirável na discriminação dos espelhismos provocados pelo jogo heteronímico, assimila-o com excesso a um processo real e à manifestação tópica de um "absurdo" que por nele efectivamente se "jogar" já dele se separa.

Na realidade, e por diversas que sejam em profundidade, subtileza ou coerência, estas três formas de interpretação, momentos densos e estruturados de outras mais correntes que as ecoam ou delas se distinguem mal, têm algo de comum: todas *interrogam* Pessoa, todas põem ao poeta e à sua criação *questões* que são mais delas que dele, todas o convocam com um máximo de boa consciên-

---

5   V. nota A no fim do volume (p. 235).

cia diante da instância crítica. É Pessoa quem deve prestar contas a propósito da sua *estranheza*, tida *a priori* como qualquer coisa de que o autor se deve justificar. Curiosamente (mas não é assim em toda a crítica humanista?) a interrogação literária subentende um horizonte de *moralistas* e é o *niilismo* de Pessoa — ou o que os seus críticos assim baptizam — que deve responder diante do tribunal da Sinceridade, da Ordem Moral, da Ordem Ideológica. É possível que a Poesia tenha de comparecer diante desses tribunais todos. Mas antes convém realmente saber se aquilo que ela *é* não os anula ou os torna inadequados. Talvez que antes de *questionar* Pessoa e de obrigá-lo a explicar-se, se deva começar por aceitá-lo na sua *estranheza*, real ou aparente, preferindo interrogarmo-nos a respeito dessa estranheza, buscando compreendê-la no que é e significa, em vez de querer, antes de tudo, *reduzi-la*. Tanto mais que se trata de *poemas*, por conseguinte de uma palavra que tem em si mesma a sua plena e inteira justificação, palavra por essência sem *exterior* diante do qual possa comparecer[6]. Que uma *criação poética* — tida por tal pelo seu exegeta — possa merecer o nome de *automistificação*, é um puro contra-sentido. Mas que a mesma criação possa relevar da *contradição* ou do *absurdo* não é mais aceitável. A única contradição ou absurdidade que pode afectar uma produção poética é a da sua nulidade, mas essa suprime a questão, todas as questões.

Se Fernando Pessoa e os seus heterónimos não constituem, a não ser numa óptica meramente anedótica, o *caso teratológico* que a crítica humanista nos apresentou

---

6   Ver nota B, no fim do volume (p. 248).

— espécie de bezerro de cinco patas da criação poética — a verdade é que o universo que constituem é suficientemente insólito para que nos interroguemos a seu respeito. Mas devemos fazê-lo sem minimizar a dificuldade buscando numa vida mal inventada ou mal sonhada, as causas e as motivações que uma vez descobertas nos poriam ao abrigo desse insólito em função da qual as buscámos. Do mesmo modo, devemos resistir à tentação de nos desembaraçar da singularidade do mundo de Pessoa oferecendo-lhe como espelho a luz trivial e cega de uma visão de boa companhia, onde justamente não há lugar nem para a sua compreensão nem para a compreensão de coisa alguma. Não temos de alinhar obrigatoriamente Pessoa pelos seus críticos, baste-nos o aproximarmo-nos da sua própria luz, a única que justifica a nossa *démarche* e cuja estranheza — uma vez que se trata de Poesia e não de outra coisa — não pode ser estranha, em sentido banal, senão à superfície. Se "estranheza" há nela — e bem a desejaríamos poder circunscrever aqui — é uma estranheza *objectiva,* quer dizer, que se lê e recorta no mundo da cultura ou a ele reenvia, não somente porque Pessoa é grande poeta, mas porque a sua aventura tem dentro dela um perfil incomum. A solução que Pessoa encontrou para as suas dificuldades pessoais, espirituais e literárias — a famosa *proliferação em poetas* — só nos interessa na medida em que é, de princípio a fim, *criação poética.* Isto basta para nos libertar do dever imaginário de ter que julgar e muito menos justificar a estranheza e o insólito inerentes ao seu caso, uma vez que, seriamente falando, só a Poesia mesma *não é estranha.*

Infelizmente, e na aparência com justificados motivos ou natural tentação, o objecto primeiro da exegese de Pessoa não foi a sua *poesia* múltipla, mas a *relação dessa múltipla poesia com os seus míticos (e reais) autores*, o que mergulhou toda a crítica numa miragem criadora de miragens, fonte de uma perplexidade insolúvel e sem cessar renascente. O que foi tomado *realmente a sério* (e isto perpetuará até ao juízo final o sorriso mudo do Poeta) não foi a silenciosa autonomia dos poemas *no seu conjunto* com o jogo que entre si constituem, mas *Alberto Caeiro* e *Reis* e *Campos*, considerados como *autores reais* dos poemas que Pessoa a justo título lhes atribui (e só ele o podia fazer... mais a mais tendo explicado até à saciedade qual era o género de cordão umbilical que os ligava ao "sujeito criador" de todos). Como *autores* reais seriam dotados de uma personalidade e de uma vocação cuja coerência se devia exprimir *nos poemas* que cada qual subscreve. Daí nasceu um teatro em segundo grau (personalizando na pura arbitrariedade um "drama em gente" assim deslocado para sempre do seu centro próprio) convertendo os autores fictícios em *criadores de poemas* quando só os poemas são os *criadores dos autores fictícios*. Na exegese universal de Pessoa os poemas-Caeiro, Reis, Campos são *sombra* de seus fictícios pais quando só o inverso é evidente. Alberto Caeiro, Reis, Campos, mas igualmente Fernando Pessoa "ele mesmo" são só (e que outra coisa poderiam ser?) *os seus poemas*. As biografias imaginárias (mas de modo algum arbitrárias) que o seu criador com tanta aplicação e gozo íntimo lhes atribuiu prolongam o acto criador dos poemas, com ele se relacionam, mas dele se destacam como leitura desses poemas já definitivamente *fora* do seu criador. É um segundo estádio de distanciamento em relação ao que deu origem aos poemas-Caeiro, Reis, Campos e por isso mesmo cada um dos heterónimos não pode ser utilizado como objectivação cómoda (e ainda por cima com a chancela de Pessoa) da *consciência criadora* dos poemas, servindo como serviu para julgar ou compreender *os poemas* na sua luz póstuma e fatalmente distinta deles como jogo sobre eles que é. Casais Monteiro foi o primeiro crítico que se espantou e que estigmatizou a confusão, ou antes, inversão de relações, escrevendo, embora timidamente, que os retratos (de Caeiro, Reis e Campos) foram feitos para as obras e não estas para aqueles: "Parece-me que competiria ao crítico fazer incidir antes a sua investigação sobre uma contradição de que não fala, e de que ninguém, creio, falou ainda; com efeito, mesmo com todas as desconfianças, não houve quem pusesse em dúvida a legitimidade da *identificação do retrato e biografia dos heterónimos com as respectivas obras*[7]." E muito justamente sugere que se desconfie antes de famigeradas "biografias", que diz sumárias, de Caeiro, Reis e Campos, do que das *suas* obras. Sublinhamos *suas* porque, mau grado estas lúcidas observações, ao fim e ao cabo, o próprio Casais Monteiro não pôde desenvencilhar-se da teia que a confusão por ele denunciada já havia criado. A sua perplexidade vai deslocar-se da relação Caeiro-"poemas-Caeiro" e congéneres, por ele suspeitada, para a de Pessoa e os mesmos autores-fictícios, reconstituindo a outro nível a mesma trama inextricá-

---

7   Adolfo Casais Monteiro, *Estudos sobre a Poesia de Fernando Pessoa*, ed. Aguiar, Rio de Janeiro, 1958, p. 189. Os itálicos são nossos. O texto de Casais Monteiro incluído nos *Estudos é* de 1951: *E. P. e a Crítica*.

vel. É a partir dela que Casais Monteiro formula questões como esta: "Mas esses poetas não existem? Ou que existência é a deles? Bem, não existem, e o problema está precisamente agora em sabermos se Fernando Pessoa teria escrito as obras por eles assinadas no caso de eles não existirem. É de notar que nenhum deles nos dá testemunhos, nos poemas que assinaram, de qualquer tempo cujo correr a obra espelhe, de qualquer evolução que testemunhe[8]." Depois de tão agudamente ter posto o dedo na ferida vemo-lo prisioneiro do que denunciou e *pronto a assinalar estranhezas, óbvias em obras de poetas reais, naquelas que ele mesmo designa implicitamente como obra em segundo grau.* Quer dizer, e à parte o seu instinto de poeta que nunca lhe consentiria servir-se dessas observações para fazer o processo dos poemas, vemo-lo enredado num tipo de exegese como o dos críticos que tanto censurou e obrigado como eles a justificar, embora com extrema lucidez, o fantasma do *artifício* integral da poesia de Pessoa. Não é sintomático que um tão grande poeta e crítico venha a escrever, como qualquer dos clássicos intérpretes que ele recusou, frases como esta: "Caeiro identifica-se com a natureza. Por isso a sua poesia é afirmativa, positiva, e evidente, como um fruto"[9]?

Esta "queda" obriga a reflectir. As perplexidades de Casais Monteiro provam que não é suficiente denunciar o ingénuo realismo que consiste em atribuir *consistência* à ficção em terceiro grau que são Caeiro e os outros heterónimos enquanto "personagens". A ficção em

8   A. C. M., *ob. cit.*, p. 87.
9   Id., *ibid.*, p. 96.

segundo grau que são *os poemas* que levam o nome deles tem a consistência necessária para relançar uma questão na aparência suprimida. Casais Monteiro suspeitou e bem (mas apenas de viés) a relação óbvia — segundo a geral crítica — entre os heterónimos-mitos e os respectivos poemas para assim desdramatizar e se possível cortar pela raiz o espelhismo de que a questão obsessiva da heteronímia tem constituído. Há um só Poeta, autor de poemas de aparência diversa que como tais devem ser tomados e compreendidos, e acabou-se. Que a questão resiste e muda de aspecto mas não de essência já nós o vimos, mostrando o autor de "Voo sem pássaro dentro" esquecido de que Caeiro é só *os poemas* e neles incluso, e essencial, o laço que os prende, e permite lê-los na luz que por isso mesmo exigem (laço dialéctico e irónico) ao seu *criador* que *não é* evidentemente Caeiro, mas a voz que articula "O guardador de Rebanhos" a qual como veremos está muito longe de "se identificar com a Natureza". É altamente significativo que um espírito como Casais Monteiro não tenha podido ater-se a essa ideia, na aparência aceitável, da rejeição coerente dos heterónimos, tomando a sério o que a sério deve ser tomado, a saber, que esses heterónimos não têm outra realidade *que a poesia que são.* Na verdade, à primeira vista, nada parece impedir que nos contentemos com a apreensão das diversas faces de um *único* Pessoa, tomando-as como elas devem ser tomadas, quer dizer, como *poemas* e não como *poetas.* Em suma, não teríamos de entrar no próprio *jogo* de Pessoa, emprestando aos diversos mundos poéticos subscritos por *Caeiro, Reis, Campos,* esse género de *autonomia poética* que o seu irónico criador lhes atribuiu.

Bastar-nos-ia, pois, tratar cada um desses *poetas* como é hábito tratar as *fases* ou *maneiras* diferentes, tantas vezes inconciliáveis, de muitos poetas que nunca pretenderam ser *vários*. Assim economizaríamos uma questão que tanta e tão equivocada tinta tem feito correr, a da *heteronímia*.

A verdade é que se adoptássemos tão razoável ponto de vista arriscar-nos-íamos não só a falhar a possível compreensão dos *mundos poéticos* que são "Caeiro", "Reis", "Campos"[10], como a perder sem remédio o sentido global da aventura criadora de Pessoa. Não é possível, ou seria complicar inutilmente uma tarefa já imensa, alinhar num mesmo nível as diversas manifestações de Pessoa, nem pô-las lado a lado para as comparar como se no mesmo nível estivessem, pela simples razão de que constituem um *puzzle,* mas um "puzzle" singular, orientado e estruturado fora das duas dimensões habituais. Uma dimensão de precedência ontológica e de algum modo de ordem temporal e por isso irreversível, comanda e organiza do interior o sistema inteiro. À sua maneira, cada uma das críticas mencionadas já se apercebera que não havia *leitura autónoma* de cada uma dessas manifestações heteronímicas. Nem podiam não a ter visto, pois é assim que Pessoa as apresenta. Mas essa constatação não foi suficiente para organizar a *leitura* global que implicam, e muito menos para discernir a *dialéctica* interior que comanda as relações *não-unívocas* nem *reversíveis* entre os heterónimos. O "puzzle" foi apercebido na sua imediata realidade de "unidade fragmentada" de molde a deixar

---

10 Acaso o único processo de construir um discurso coerente sobre a heteronímia seja o de escrever sempre os "poemas-heterónimos" com aspas e os pseudo-autores sem elas, mas recuámos diante da visão tipográfica criada por tal decisão...

entrever as linhas de força de ordem psicológica ou estilística que permitem reconstituí-la, o que só é possível na hipótese de situar os heterónimos num espaço de estrutura reversível, por assim dizer, de idêntico peso ontológico. A esse preço, a aparência de dialéctica que pôde alcançar-se não ultrapassou o nível de uma exterioridade essencial. Viu-se o que aproxima ou aparta Caeiro de Campos ou Campos de Reis ou Reis de Caeiro mas não o nexo *orgânico* que os articula numa totalidade que os não deixa ler na sua ideal autonomia, mas sem a presença da qual nem a autonomia aparente é susceptível de leitura.

O equívoco original—e sem cessar reassumido, mesmo descontando a assimilação "personagens-poemas" que nunca foi total — consistiu em tomar Caeiro, Campos e Reis como *fragmentos* de uma totalidade que convenientemente interpretados e lidos permitiriam reconstituí-la ou pelo menos entrever o seu perfil global. A verdade é mais simples: os *heterónimos são a totalidade fragmentada* e nenhuma exegese por mais hábil ou subtil a pode reconstituir a partir deles. Por isso mesmo e por essência não têm leitura *individual*, mas igualmente não têm *dialéctica* senão na luz dessa totalidade de que não são *partes*, mas plurais e hierarquizadas maneiras de uma única e decisiva fragmentação. Da clara percepção do fenómeno se deve esperar o fim dos espelhismos falsamente pirandellianos a que a heteronímia se tem prestado. A totalidade fragmentada que os heterónimos *são* não é uma quimera destinada a introduzir coerência num "puzzle" que tem resistido a ela. É *a poesia* de Pessoa *anterior* ao surgimento de Caeiro, Campos e Reis. É o mistério dessa *ruptura* que é necessário esclarecer e esclarecer *concretamente*. Sem a elucidação pertinente, ou pelo menos, formalmente plausível, da *génese da heteronímia*, toda a leitura de Pessoa que por tê-la originado nos interessa, fica (está) hipotecada. Claro que entendemos essa "génese" de maneira bem diversa da já tentada, com maior ou menor sucesso, pelas vias da psicologia banal ou profunda, embora não seja sem interesse receber dela alguma luz incidente ou confirmação[11]. A "génese" óbvia (para nós) é a que nos conduz dos *textos-Pessoa* anteriores à criação heteronímica aos *textos heteronímicos*. Génese que nos conduz dos primeiros aos segundos, mas igualmente nos reconduz dos segundos aos primeiros e com mais necessário impulso, pois é neles (foi neles) que primeiro descobrimos essa *ruptura* cujo esclarecimento constitui questão.

Não é aqui lugar para detalhar o processo desse esclarecimento genético, levado a cabo em mais vasta obra a publicar. Esse esclarecimento repousa fundamentalmente sobre a prévia e ingénua aceitação das múltiplas auto-explicações de Pessoa e em particular do celebérrimo fragmento da sua carta a Casais Monteiro acerca da "génese da heteronímia e da criação dos heterónimos"[12].

---

11   Lembraremos em particular, pela finura e pela prioridade, as que Casais Monteiro (em 1942) e Joel Serrão (em 1944) propuseram, um no prefácio à sua histórica *Antologia de Pessoa* (ed. Confluência), outro no prefácio à *Correspondência Pessoa- -Cortes Rodrigues*.

12   Este ensaio de releitura de Pessoa supõe, naturalmente, o conhecimento das outras "leituras" e não só das três principais já mencionadas, entre elas as de Casais Monteiro, Jorge de Sena, Joel Serrão, Pierre Hourcade, Mar Talegre, Óscar Lopes, Octávio Paz, L.S. Picchio, Georg Lind, Ildefonso Manuel Gil, Robert Bréchon, António Quadros, Armand Guibert, Alain Bosquet, C. Bernardelli, T. Vasconcelos, etc. Mas supõe, antes de tudo, o conhecimento já banalizado dos principais textos do Poeta. Por isso não transcrevemos a sua carta a Casais Monteiro que é acessível e está em todas as memórias.

Não que eles sejam a efectiva resposta ao que nos importa compreender — *o sentido e o conteúdo concreto da ruptura segundo as formas que tomou, bem mais interessante e decisivo que a apreensão psicológica do processo já explorada em abundância sem resultados concludentes* — mas porque representam com relevo mitológico o movimento mesmo da imaginação de Pessoa, descrito por ele, na *Carta sobre a génese,* com a precisão e o fulgor de um autêntico *sonho acordado*[13]. É no espaço desse "sonho acordado" que é possível ler e colher *a espessura e a densidade* quase palpáveis, não só de cada afloramento heteronímico, como as das relações recíprocas e as de todos com o *centro* aparentemente misterioso de onde surgem. Sem a aceitação voluntária e ingénua dessa narrativa mítica, a possibilidade de apreender e compreender em detalhe o sentido da ruptura que ela celebra, seria aleatória. As "explicações" de Pessoa não nos dizem por que razão Caeiro ou Campos (os poemas) *são o que são, e como são* — o que só o processo concreto do seu surgimento *literário* elucida — mas descrevem como só um criador o pode fazer, o espaço e a função das encarnações poéticas imaginárias que cada um *é.* Nenhuma indicação dos preciosos textos é supérflua, e bem presumiram da sua clarividência os críticos que as dispensaram ou julgaram mais urgente, possível e oportuno, submetê-los "à questão" ou suspeitá-los, abolindo com tal gesto a entrada no reino da compreensão heteronímica.

---

13 Casais Monteiro empregou o conceito (p. 79 da obra citada) num sentido estético-literário que só em parte recobre o do nosso. Nós empregamo-lo no sentido próprio, de origem jungiana, utilizado por R. Desoille, autor de *Le Rêve Eveillé en Psychothérapie*, PUF, 1945.

2
A CURIOSA SINGULARIDADE
DE "MESTRE CAEIRO"

*Que uma arte seja ingénua é, por conseguinte, uma
contradição; mas, representar a ingenuidade numa
pessoa imaginada, é arte possível e bela, embora rara.*

KANT, *Crítica do juízo*

A sua obra é a maior que a alma portuguesa tem feito.

R. REIS

*Mas os pastores de Virgílio, coitados, são Virgílio
E a natureza é bela e antiga.*

A. CAEIRO

Do relato de Pessoa uma evidência universal se impôs:
a da importância *singular* de Caeiro. Primeiro na ordem
da génese, primeiro sobretudo na ordem ontológica fictícia, Caeiro concentrou bem cedo as atenções privile-
giadas da crítica[1]. Não foi por acaso que teve tratamento
cuidado e à parte, bem antes dos outros heterónimos. Mas
cedo, igualmente, se operou uma osmose fatal entre *o que
ele diz* e o que ele *é*. Mais do que tudo, a evocação que Pessoa (Campos, o que não é a mesma coisa...) lhe consagrou,

[1] V. nota C no fim do volume (p. 249).

contribuiu para reduzir o que ele *é* ao "que diz ser". Recentemente, e resumindo num só epíteto, quarenta anos de exegese equivocada, um poeta e um crítico brilhantes, José Augusto Seabra, assimilou Caeiro ao *grau zero de poesia*[2]. Este equívoco de base perturba uma análise estrutural de uma finura extrema. Se fosse necessário demonstrar que a perspectiva da intertextualidade formal, mesmo levada a cabo a partir de uma visão nítida de heteronímia como "jogo" de polaridades e "diferenças" melhor apreendidas que na perspectiva "estilística", magistralmente criticada por José Augusto Seabra, deixa de lado *o segredo efectivo* desse jogo, nenhum exemplo seria mais probante que o do autor de *Alberto Caeiro ou o grau zero de poesia*. Também para J. A. Seabra, e mau grado a sua interessante concepção "galáxica" da heteronímia, Caeiro acaba por ser tratado como *realidade poética* cerrada em si mesma e segundo a função ideal que Pessoa lhe assinala, em particular no célebre "retrato" de Campos, ficção de ficção. A novidade e a eficácia hermenêutica da leitura de J. A. Seabra e que a distingue das anteriores reside no facto de autojustificar Caeiro, de mostrar a sua *coerência* interna (e não como outros exegetas, de fazer o seu "processo"). É pena que tal "mostração" dependa e seja conexa com a tomada a sério e no mesmo plano do *personagem* Caeiro, que não existe, fora dos poemas. E é, uma vez mais, de uma leitura que utiliza ao mesmo tempo dois planos (o dos *poemas* e do

---

2 José Augusto Seabra. *Alberto Caeiro ou le degré zero de poésie.* Publicado no 1.º número de *Sillages*, revista da Secção de Estudos Portugueses e Brasileiros de Poitiers, dirigida pelo Prof. R. Lawton. O artigo publicado em 1972 é o único que conhecemos de mais vasto trabalho que serviu de tese ao seu autor em 1971 e ainda não impresso.

fictício criador deles, *o autor* Caeiro) que surge essa conclusão, aparentemente adequada a Caeiro, de designar a sua poesia como de "grau zero". Um "grau zero de poesia" suporia uma palavra poética o mais próxima possível (ou aquela que mais claramente se anula) do real que visa por não poder sê-lo. Não é o caso de Caeiro. O "que ele diz" (e também o que Pessoa ou Campos dizem que ele diz) é de facto a expressão de uma vontade de "poesia grau zero" ou melhor ainda, de qualquer coisa anterior à própria distinção entre poesia e prosa. Em suma, vontade de *não-poesia*, como J. A. Seabra o sublinha com pertinência. Mas o que do que vive em cada poema é da *distância* (infinita) que separa consciência e mundo, olhar e coisa vista. Caeiro nasce para a anular, mas é no espaço que separa olhar e realidade, consciência e sensação que o seu verbo (a sua voz) irónica e gravemente se articula. É por isso que, pertinente enquanto definição relativa a essa vontade de "poesia grau zero" manifestada pelo *criador* (Pessoa), a mesma frase, aplicada a Caeiro, não tem sentido pois Caeiro *não é o sujeito* dos seus poemas: "em vez de procurar uma distância, um desvio em relação à prosa, Caeiro procura ao contrário a redução da linguagem poética a uma pura função denotativa ou referencial, de que no limite estaria ausente todo o elemento conotativo.[3] Simplesmente Caeiro não procura nada porque *não existe* não só como "sujeito psicológico" (*va de soi*) mas como "sujeito literário". *Caeiro é o resultado*, simples poesia em segundo grau que pressupõe não só aquele "implícito" que toda a poesia recalca para existir, mas o "explícito" de um outro universo

3 *Ob. cit.*, pp. 48-49.

constituído que cumpre determinar. O seu "prosaísmo" nem por analogia longínqua se pode assimilar ao de um Gonçalo de Berceo, cujo "prosaísmo" não dialogava ironicamente com nenhum não-prosaísmo como é o caso de Caeiro. Se tivéssemos de empregar uma fórmula de recorte barthiano diríamos, exactamente ao contrário de J. A. Seabra, que Caeiro é o "grau ómega da poesia" de Pessoa. Mas não nos parece indispensável. Basta que relembremos, como mero índice exterior, que a brutal irrupção dos "poemas-Caeiro" em Pessoa, já de sobra assinala o carácter de realidade *excessiva* da palavra poética neles presente, e com ele o seu carácter de *resposta* e *solução,* fim e conclusão (precária mas idealmente perfeita) de um conflito — ou de *o* conflito — inerente à totalidade da consciência poética antes da misteriosa deflagração criadora de Caeiro. Ora, naturalmente, o que Caeiro *é,* está em relação íntima e intrínseca com o que essa totalidade *é* concretamente, quer dizer, enquanto "realidade poética" já manifesta. O perfil dessa totalidade não constitui mistério para ninguém: é o de uma relação do sujeito com a realidade que só se manifesta pela *consciência da ausência* dessa Totalidade. Por isso mesmo designámos, em tempos[4], a aventura poética de Fernando Pessoa como "aventura ontológica negativa", não só porque julgamos a fórmula adequada, mas porque assim a pomos em relação analógica com os postulados--chaves da chamada *teologia negativa.* Além disso, também nos pareceu útil e mesmo necessário distinguir a tão específica aventura de Pessoa de outras, igualmente "onto-

4 *Presença ou a Contra-Revolução do Modernismo Português, separata da Revista do Livro,* Rio de Janeiro, 1961, p. 69, publicação anterior no suplemento literário de *O Comércio do Porto.*

lógicas", mas *positivas* como, por exemplo, a de um Jorge Guillén ou de um Francis Ponge. Com efeito, desde a origem (conhecida), a consciência poética de Pessoa glosa *o abismo* que separa consciência e realidade, abismo que vive como insuportável ausência de si a si mesmo e de si mesmo ao mundo. A cura fulgurante para o que não tem cura manifestar-se-á justamente sob a forma *Caeiro*, pastor sem metafísica nenhuma, como por ironia se proclama, ceifeira perfeita, mas em sonho. Na realidade, Caeiro é o Pessoa mais distante de si mesmo que foi possível conceber-se, e nessa distância o mais próximo, se o mais próximo é o que nos sonhamos e não o que somos.

Acusou-se, e com razão, até ao extremo de o recusar como Poeta, esse Caeiro-Pessoa, de intelectualista e dialecta, quando não mera e *anedoticamente satirista* de uma visão do mundo evanescente e *simbolista*. Salvo os que coerentemente o recusam como Poeta[5], aos outros cabe conciliar esses qualificativos que se querem pejorativos com a poesia autêntica que em Caeiro admitem. Não é problema nosso. A "prosa dos seus versos" modula a mais profunda aspiração de Pessoa: não a de unir-se às coisas e ao Universo como o panteísmo romântico mas de estar separado e assim unido a si como essas coisas o estão por não serem consciência e desse modo poder sentir-se existente como elas *existem* sem realmente "existir". É a mais intelectual das suas poesias, sem dúvida, mas os exegetas podiam acrescentar que é a mais "maternal", a mais regressiva "à paz das coisas sem gente" e a mais

---

5   Parece ter sido o caso de Teixeira de Pascoaes. Entrevista n'*O Primeiro de Janeiro*, de que não conservamos referência, só lembrança. Por volta de 1951, José Régio não estava longe de partilhar a mesma opinião em relação a Caeiro.

nietzschianamente trágica na sua vontade de aceitação *do que é* e que lhe era tão constitucionalmente estranha. Em poema algum, como no VII do "Guardador de Rebanhos", Pessoa se fez seu pai inexistente e sua mãe, para se pegar ao colo e se abrigar dessa mesma chuva dos dias e do Destino que com tão virgiliano tom diz aceitar. Com geométrica precisão soube Pessoa mostrar-nos os meandros e os fios condutores que do "universo-Caeiro" partem para Reis e Campos. Mas não soube, não pôde, ou não quis, explicar-se e explicar-nos, senão como *milagre*, o surgimento de Caeiro. Ele *viu-se* criando Reis e Campos mas não o *Mestre* deles e seu.

É do *exterior* ou do *alto* que a série fulgurante que *os poemas-Caeiro* são, lhe aparece ou cai. Esta auto-ocultação (que como veremos não foi total) é por de mais significativa da irrepressível necessidade interior que os poemas incarnam sob uma forma brutalmente *censurada*, a pontos de Caeiro se apresentar como o *Outro*. A universal explicação "dramatúrgica" da génese heteronímica, colocada por Pessoa sob o signo claro de Shakespeare, é demasiado larga para o caso-Caeiro. *Caeiro* não é o Hamlet nem a Lady Macbeth do eu (literário) de Pessoa. É a sua directa manifestação *não reconhecida*. Ao seu nascimento preside qualquer culpa ou transgressão que a consciência clara (no seu caso, hiperlúcida) do seu criador recusa, preferindo ver-se *criado pela sua criatura*. Em nenhum dos seus heterónimos Pessoa se sente (mas sabe?) mais *alienado* que naquele criado para colmatar a mais indesraizável e original *indecisão* que o caracteriza. Em suma, há uma relação de má-consciência (transfigurada na "recordação" de Campos em máxima boa-consciência) entre Pessoa e o primeiro dos seus heterónimos, primeiro na ordem da aparição, primeiro no lugar que ocupa no cenário inconsciente do seu criador, mas primeiro igualmente *na morte*. Caeiro morre cedo (a bem dizer viveu *um só dia*, o celebrado "dia triunfal") porque Pessoa não podia suportar o peso de uma visão, de uma verdade que não eram suas, senão sob a forma violenta, mágica, de *um momento* inversor do seu mais profundo, constante e único sentimento de si mesmo e da vida: o *da total e abissal irrealidade de ambos*. Se Caeiro arranca a Campos, seu biógrafo (em segundo grau), "as lágrimas que não dá a si mesmo nem à vida" é só porque nele se plasma a *impossibilidade extrema* de sentir o real e de usufruir o sentimento da realidade de outra forma que na ficção, através do fictício (e real...) "guardador de rebanhos" nunca guardados.

Não é só apenas porque, enquanto *resposta*, Caeiro supõe para a compreensão plena da sua *realidade* o conhecimento daquilo que recalca, que a sua intrínseca natureza é *dialogante* e de segundo grau. Mesmo abstraindo desse nexo que lhe é co-essencial[6], é impossível ler os poemas sem apreender o movimento pelo qual eles denunciam esse carácter dialógico e diferido. Na sua realidade, isto é, na textura dos poemas onde unicamente existe, Caeiro não é essa resposta efectiva, essa *inversão* miraculosa da visão poética anterior a ele, como Pessoa, vitalmente interessado nela, a auto-interpreta. Só o *mito Caeiro* — e em particular na boca de Campos — cumpre

---

6   Isto mesmo foi sensível à minuciosa análise estrutural a que J. A. Seabra o submeteu. Ver *ob. cit.*, L. S. Picchio igualmente insistiu sobre o carácter "crítico" dos heterónimos.

essa função real e impossível que o seu criador lhe atribui. *Os poemas* são outra coisa e sem véu algum o proclamam: não o canto da realidade ou mesmo da conciliação entre consciência e realidade com a felicidade suprema de que se acompanha, mas reiterado movimento de uma consciência para se anular enquanto tal e só a esse preço se salvar. A uma consciência incapaz de tocar o mundo ou de ser tocada por ele, como é a que estrutura toda a visão poética de Pessoa *anterior a Caeiro* sucede, aparentemente, a visão oposta de uma omnipresença tão radical do mundo que a consciência se anula ao seu contacto e nessa anulação encontra a solução para a infelicidade original que lhe é inerente:

> Gosto que tudo seja real e tudo esteja certo.

Mas é a apologia mesma desse "gostar", a litania patética na sua ironia triste e na sua tranquilidade de sonho, que dedica à *"espantosa* realidade das coisas" e a exaltação da sua "diferença" (diferença entre cada coisa, e diferença entre "coisa" e "consciência" igualmente reduzida a forma de "diferença" e nada mais) que desenha sob os traços do "poeta da realidade" e da "Natureza" a figura inversa que o remete, com mais nitidez ainda, para o horizonte que desejou desertar. Não é um canto de exaltação, nem sequer aquela alegria não manchada pela sombra cristã que se atribui ao "paganismo" que Caeiro *é* (para Campos) a que brilha nos seus poemas. É uma voz branca, ligeiramente irónica, consciente de si mesma e do carácter hiperbólico da sua apologia da aparência manifesta e por isso mesmo deixando filtrar esse "encolher de ombros" absoluto, essa melancolia irredutível que foi o sol negro de Pessoa. Nascido para pôr termo ideal à consciência de inexistência que o caracterizará sempre, Caeiro elevará ao máximo, sem as superar, as aporias e agonias dessa consciência. Mas em vez da música tantas vezes já tocada de uma interioridade sem cessar debruçada no poço de si mesma, brilha nele a vontade de a suspender na raiz regressando àquele *ponto* anterior à cisão de que a *consciência é* justamente o (para ele) envenenado fruto. Ser como o Sol:

Dourar sem literatura

Em nenhum dos seus heterónimos se consubstanciou tão fundamentalmente a questão ontológica que tem a Linguagem como centro[7]. A "prosa dos seus versos" é, por fora, a materialização (só simbólica, mas significativa) da consciência que teve Pessoa da *incapacidade radical* da linguagem para nomear o real. E só é "poesia" em Caeiro, pela presença nela do visível sofrimento espiritual transfigurado em falso-contentamento pelas "coisas serem o que são" e terem "os nomes" que têm. Queixar-se ou acusar de "intelectualista" a poesia-Caeiro é duplamente pleonástico. Ninguém sabia e o disse com mais precisão que Pessoa mesmo, *exegeta incomparável da sua criação.* "Nestes poemas aparentemente tão símplices, o crítico, se se dispõe a uma análise cuidada, hora a hora se encontra defronte de elementos cada vez mais inesperados,

---

7   Esta questão foi abordada por nós num ensaio intitulado *Kierkegaard e Pessoa ou a Comunicação Indirecta*, de 1954, só parcialmente publicado.

cada vez mais complexos. Tomando por axiomático aquilo que, desde logo, o impressiona, a naturalidade e espontaneidade dos poemas de Caeiro, pasma de verificar que eles são, ao mesmo tempo, rigorosamente unificados por um pensamento filosófico que não só os coordena e concatena, mas que, ainda mais, prevê objecções, antevê críticas, explica defeitos por uma integração deles na substância espiritual"[8]. Pessoa (Ricardo Reis) alude ou exemplifica uma perceptível ruptura de *atitude* em relação ao sentido a conferir ao real pelo "poeta-Caeiro" e que de forma aparentemente paródica Pessoa explica pelo facto de o "guardador de rebanhos" *doente* ser já um "outro" e por isso mesmo ter "outra visão" do real. Mas a confissão é mais explícita nas breves linhas da "recordação" de Álvaro de Campos. A "ideia" que organiza o discurso poético de Caeiro é a da *impossibilidade* metafísica de nomear a realidade, porque nem "o nomeador" nem "a coisa nomeada", segundo o seu heraclitianismo devastador, *têm permanência*. Se tivéssemos *olhos* para ver isto, em vez de apenas o pensar, diz Caeiro, *seríamos felizes*. Caeiro não *tem* estes olhos, que ninguém tem, e só a ciência, suprema nomeação sem sujeito nomeante, se esforça por ter. Na ausência de olhar (de acto) que ajuste a nossa realidade (nunca idêntica) às coisas (nunca idênticas) *finjamos* que são só o que parecem e que as conhecemos, aceitando que o nome que lhes damos é o que lhes convém. Assim acreditaremos na sua *existência* e em troca recebemos dessa convicção a consciência de igualmente *existir:*

8   O.P., p. 135.

> O que nós vemos das coisas são as coisas.
>
> Porque veríamos nós uma coisa se houvesse outra?
>
> Porque é que ver e ouvir seria iludirmo-nos
>
> Se ver e ouvir são ver e ouvir?[9]

Todos os fantasmas do idealismo subjectivo se perfilam sob esta reiteração provocante (sobretudo para quem a formula) e secretamente apavorada. *Ser é* "ser percebido", *ser é* "ser pensado"? Recusemos radicalmente esse primado da consciência que suporta tais fórmulas aceitando em seu lugar o *materialismo* polémico, agressivo no seu primitivismo voluntário, na realidade já de volta da oposição em que "idealismo-materialismo" têm sentido:

> Tristes das almas humanas que põem tudo em ordem,
>
> Que traçam linhas de coisa a coisa,
>
> Que põem letreiros com nomes nas árvores absolutamente
>
> > reais,
>
> E desenham paralelos de latitude e longitude
>
> Sobre a própria terra inocente e mais verde e florida do
>
> > que isso![10]

Assim, tudo quanto nos cerca não tem *nome*, se no nome imaginamos apreender mais alguma coisa que um mero "designar" de uma opacidade brutal que é *a existência*. Mas nós nascemos ou inventámos uma constelação, uma rede de *nomes* através dos quais *magicamente* nos apropriámos

---

9   *Ibid.*, p. 154.
10   *Ibid.*, pp. 163-164.

do universo. Apropriação *inane* e pior do que isso, ilusória e fautora de ilusão é essa para quem dela acorda, como Pessoa, através de Caeiro, quer acordar. A linguagem é antes a forma suprema de fazer evaporar a realidade, de a afastar de nós, de *a perder,* de suspender e desatar o cordão umbilical que a ela nos uniria (e une) se conseguíssemos *silenciá-la.* É nesse silêncio *anterior à palavra* que Caeiro deseja repousar. É mesmo nele que diz repousar. Regressar a esse silêncio não é voltar do mais ao menos, da vida à morte, do dia à noite, mas o contrário, o regresso ao pleno dia da realidade, *ao puro existir,* que ser-consciente (pensar e falar) turvam em seu princípio. É ser

> ... o Descobridor da Natureza
> ... o Argonauta das sensações verdadeiras

Não é um convite à fusão ou efusão, romanticamente concebidas, na esperança ou na ilusão de uma identificação salvadora com a Natureza a fingir de Deus disfarçado. A Natureza é só o muro nu do *existir,* não tem nada de particularmente acolhedor ou maternal, a não ser pelo facto bruto de ser *não-consciência.*

Por razões diversas das de Malebranche, Caeiro diria também que a Natureza é uma "quimera":

> Num dia excessivamente nítido,
> Dia em que dava vontade de ter trabalhado muito
> Para nele não trabalhar mais,
> Entrevi, como uma estrada por entre as árvores,
> O que talvez seja o Grande Segredo,
> Aquele Grande Mistério de que os poetas falsos falam.

Vi que não há natureza,
Que Natureza não existe,
Que há montes, vales, planícies,
Que há árvores, flores, ervas,
Que há rios e pedras,
Mas que não há um todo a que isso pertença,
Que um conjunto real e verdadeiro
É uma doença das nossas ideias.
A Natureza é partes sem um todo.
Isto é talvez o tal mistério de que falam.

Foi isto o que sem pensar nem parar,
Acertei que devia ser a verdade
Que todos andam a achar e que não acham
E que só eu, porque a não fui achar, achei[11].

É absurdo e bem inútil parcelizar ou fingir que são da ordem da *pura afirmação* estas asserções de Caeiro para em seguida as comparar opondo-as às de outro heterónimo ou dele mesmo. Se o fossem não estaríamos diante de um poema e quem assim as recebe no mesmo momento o anula. Que roçam perigosamente o ponto em que poderiam anulá--lo (e um Pascoaes, um Régio, Mário Sacramento e em boa parte Jacinto do Prado Coelho e G. Lind o anularam) deve conceder-se, mas a interna interrogação que as acompanha com a temerosa inquietude mal sepultada donde nasce bastam para a devolver ao mundo ideal da afirmação suspensa e a momento de mais vasta e ambígua arquitectura espiritual, alheia a toda a apropriação de ordem não poética.

11 *Ibid.*, p. 165.

Esta Natureza que "não tem dentro" já não é a máscara de Deus, mas a fria ou neutra face da sua *não-existência*. Impossível ler no rosto do Universo (nome ainda...) uma finalidade ou um sentido. Em Antero, como em Hegel, e mau grado a sombra de Schopenhauer, a Natureza é espírito inconsciente e, nos momentos de efusão panteísta, inconsciência em processo de consciencialização. A escada foi descida por Pessoa-Caeiro até ao fim. A Natureza é *inconsciência sem espírito*, pura superfície nua e vazia. O Universo é uma pluralidade sem nexo de seres e coisas separados uns dos outros pela sua própria *existência*. O poeta que ressentiu como sua a solidão das estrelas (ou que verteu nessa piedade estelar a que a si mesmo britanicamente se não concedia) é o mesmo que *finge estar contente* (e de algum modo o está, pois "fingir é conhecer-se") com esse dado de solidão, de diferença, de separação, sem o qual nada viria à existência. *A universal solitude*, por assim dizer, *física*, das coisas, consola-o da sua. É assim, negativamente, que Caeiro, poeta da "Natureza sem gente", comunica com o Universo...

O mistério da génese *concreta* de Caeiro, para além de mera possibilidade dialéctica incluída na forma de consciência de Pessoa de onde surgiu, *prende-se sem equívoco possível ao seu encontro com Walt Whitman*. Não convinha ao orgulho (porventura inconsciente em sentido preciso) de Pessoa que o seu *primogénito* saísse com essa máscara colada à cara. Que parece não ter saído é o que se depreende da unânime e óbvia relacionação que todos os críticos fizeram de Campos com Whitman e não com Caeiro[12]. Todavia

12   Como em tantas outras coisas, João Gaspar Simões "presumiu" esse laço, como escreve J. do Prado Coelho, que igualmente o presume. Mas a hipótese ficou sem consequências hermenêuticas em um e outro.

quando se examina melhor Caeiro, salta aos olhos a presença avassaladora, *essencial* e não meramente acidental ou decorativa, de Walt Whitman, cantor, mas à primeira potência (em todos os sentidos) das coisas reais, na sua multiplicidade transbordante e na plenitude da sua *diferença*. A Whitman, Pessoa tirou toda a carne, todo o apetite e paixão das coisas reais, guardando do choque potente da sua leitura *a nostalgia descarnada* dessa saúde de pioneiro que não era feita para ele. Com ela, e com o que era *Caeiro*. Na galeria mais secreta da sua alma estrangulou o Mestre, e quando um dia, em figura de gente e sem lhe pedir licença, lhe apareceu, não o reconheceu. Com aparência de razão: Caeiro *não é* Whitman. Separa-o dele a distância que separa "a realidade" da imaginação dela: Caeiro é um Whitman "imaginário" ou antes, um *Whitman em ideia*. A adesão à realidade estava-lhe vedada (à "realidade" como geralmente se entende, e ele mesmo a entendia) por ele ser quem era, ou porque destino e deuses assim o decidiram, mas não lhe estava vedado o acesso ao *sonho da realidade*. Através de Caeiro o leva a cabo construindo um imaginário refúgio contra o seu sentimento de irrealidade, mas como a ficção o podia consolar tanto ou mais que essa realidade onde nunca pôde descobrir outra coisa que ficção, ele próprio seu criador se tomou seu filho e seu discípulo. É a mais insólita e patética aventura espiritual da nossa literatura. Mas só no espelho de Campos que a amplia e obriga a revisitá-la a veremos melhor.

3
RICARDO REIS OU
O INACESSÍVEL PAGANISMO

Da Grécia Antiga vê-se o mundo inteiro.

A. MORA

Aprecio-o, realmente, e para falar verdade,
acima de muitos, de muitíssimos.

A. CAMPOS

Contrariamente a Caeiro, Ricardo Reis não lhe aconteceu "de repente", nem do alto (salvo do alto donde tudo vem...). Pessoa descreve com complacência o seu processo de nascimento e mesmo de gestação. Não admira, Reis não surgiu para o libertar do seu sentimento de irrealidade, mesmo em ficção, mas para redefinir e aderir a essa irrealidade irredutível, na luz, só ficticiamente salvadora e calma de Caeiro. A verdade que nessa luz de Caeiro se encobre mal, envolta agora na forma sabiamente arcaizante de Horácio e Virgílio[1], deixa filtrar o seu essencial niilismo, mas sempre como voz irreal que o transfigura em canto desencantado e aparentemente sereno. Pessoa escreveu que na altura da sua eclosão (mas Ricardo Reis era alguém que já há muito pedia para

[1] Sobre o género de metamorfose que Reis opera sobre Horácio, ler o sempre interessante artigo da Doutora Helena Rocha Pereira *Reflexos Horacianos nas Odes de Correia Garção e Fernando Pessoa* (Ricardo Reis), 2.ª ed., Porto, 1958.

nascer...) *o arrancou ao seu falso paganismo*. Para quê? Para o instalar no verdadeiro? Não. O paganismo autêntico é o antigo, naturalmente, que não é desesperado desse desespero que em Ricardo Reis terá o pudor de se velar. O dado central da visão do novo heterónimo é sempre o mesmo: *ser consciente é ser infeliz*. Nós não podemos conhecer nem a beatitude natural dos animais para quem mesmo a morte é *moradia*, nem atribuir um sentido ao uso útil do nosso pensamento, quer dizer, *à ciência*, que não é mais do que uma refinada forma do esquecimento:

> Quanta tristeza e amargura afoga
> Em confusão a estreita vida! Quanto
> Infortúnio mesquinho
> Nos oprime supremo!
> Feliz ou o bruto que nos verdes campos
> Pasce, para si mesmo anónimo, e entra
> Na morte como em casa;
> Ou o sábio que, perdido
> Na ciência, a fútil vida austera eleva
> Além da nossa, como o fumo que ergue
> Braços que se desfazem
> A um céu inexistente[2].

O sábio procede como se ignorasse *a morte* (esse esquecimento activo da morte, acaso a única vitória sobre ela, é a matriz mesma da ciência) mas no homem que se esquece a morte não se deixa esquecer. Que fazer? Ou antes, que

---

2   O. P., p. 227.

convém que sejamos para, *conscientes*, ser o que só em pura ou fingida inconsciência são o "bruto" e o "sábio"? Assumir a necessidade, transformá-la estoicamente em virtude, encerrar os próprios deuses na armadilha que nos ofereceram, ou onde eles mesmos estão presos. Em suma, outra saída não existe que a de aderir, esposar, extenuar a *nossa infelicidade radical* para uma aceitação altiva e desprendida da nossa condição, não só perecível, mas sem cessar em transe de perecer:

> Altivamente donos de nós-mesmos
> Usemos a existência
> Como a vila que os deuses nos concedem
> Para esquecer o estio.

> Não de outra forma mais apoquentada
> Nos vale o esforço usarmos
> A existência indecisa e afluente
> Fatal do rio escuro.

> Como acima dos deuses o Destino
> É calmo e inexorável,
> Acima de nós-mesmos construamos
> Um fado voluntário
> Que quando nos oprima nós sejamos
> Esse que nos oprime,
> E quando entremos pela noite dentro
> Por nosso pé entremos[3].

3   *Ibid.*, p. 207.

No seu ar de imitar a Antiguidade na sua perfeição ideal de mármore inscrito, dialogando com ela e na verdade digna dela, o que sobressai é um fundo de angústia moderna, como moderna sob cor antiga é a resposta para a não-resposta de onde nasce e extravasa. Nós somos *tempo* e nada mais, nós somos como depois de Schopenhauer tantas vezes se repetiu, uma breve *luz* irrompendo sem razão no seio de uma vida desprovida dela e de novo reenviada à pura noite? Pois se assim é, seja assim. Aceitemos o jogo e joguemo-lo que só nessa aceitação voluntária "o bem consiste". É mesmo a única maneira de ascender ao que é comum a homens e deuses:

> Só esta liberdade nos concedem
> Os deuses: submetermo-nos
> Ao seu domínio por vontade nossa.
> Mais vale assim fazermos
> Porque só na ilusão da liberdade
> A liberdade existe.
>
> Nem outro jeito os deuses, sobre quem
> O eterno fado pesa,
> Usam para seu calmo e possuído
> Convencimento antigo
> De que é divina e livre a sua vida[4].

Desta sabedoria triste convém fazer um brasão ou a moeda mais ou menos falsa com que as sombras aplacam Caronte. Uma vez mais interiorizemos a silenciosa lição

4   *Ibid.*

da Natureza, e se como rosas somos, como elas aceitemos
o ocasional florir que aceito se volve *eterno:*

> As rosas amo dos jardins de Adónis,
> Essas vólucres amo, Lídia, rosas,
> Que em o dia em que nascem,
> Em esse dia morrem.
> A luz para elas é eterna, porque
> Nascem nascido já o sol, e acabam
> Antes que Apolo deixe
> O seu curso visível.
> Assim façamos nossa vida um dia,
> Inscientes, Lídia, voluntariamente.
> Que há noite antes e após
> O pouco que duramos[5].

É este voto a expressão e o eco de uma antiquíssima sabedoria, uma muito clássica resposta à angústia da morte, a
de ver no que passa e *porque passa* o sinal inverso da eternidade. Uma vez que nada mais existe que esta passageira
vida ("Não consentem os deuses mais que a vida.") esta
mesma vida passageira é o todo da vida. É de Epicuro,
solene e amorosamente evocado, que esta difícil e alta
sabedoria, sob dois mil anos de "cristismo" mal soterrada
se levanta, mas a custo, e trazendo no rosto as marcas do
lençol sem púrpura do deus morto. É na *ficção* que Pessoa
se inventa a festa excessivamente ritual e voluntária que a
alma antiga *era* sem saber que o era, ou sendo-o de uma
maneira que para os que com ela sem cessar "re-sonham"

5   *Ibid.* p. 204.

(Hölderlin, Nietzsche, Foucault) permanece inacessível ou doloroso píncaro. Deste *abismo* entre as duas almas, abismo que ele mesmo *é*, como poucos modernos o foram, Pessoa-Reis não salta como Nietzsche, concretamente, o intervalo (também aqui as "nietzschianas asas" para isso lhe faltaram, embebidas na sombra nunca vencida que em Reis, sob visão ocultista, tudo envolve). Instala-se nele, como de costume, vive (e sofre), o mais altiva e o menos horacianamente possível, entre as suas paredes abruptas. As festas imitadas que se concede, o furtivo e assexuado amor de Lídia que as não perturba em excesso são só a sua maneira de "esquecer", voluntariamente insciente, como ele diz, a insistente, a *abominável onda* sempre batendo contra a vidraça da Vida:

> Sábio é o que se contenta com o espectáculo do mundo,
> E ao beber nem recorda
> Que já viveu na vida,
> Para quem tudo é novo
> E imarcessível sempre.

> Coroem-no pâmpanos, ou heras, ou rosas voláteis,
> Ele sabe que a vida
> Passa por ele e tanto
> Corta à flor como a ele
> De Átropos a tesoura.

> Mas ele sabe fazer que a cor do vinho esconda isto,
> Que o seu sabor orgíaco
> Apague o gosto às horas,
> Como a uma voz chorando
> O passar das bacantes.

E ele espera, contente quase e bebedor tranquilo,
E apenas desejando
Num desejo mal tido
Que a abominável onda
O não molhe tão cedo[6].

A fictícia saúde de Pessoa-Caeiro, ao menos dourada de fora pelo sol, é em Reis incurável doença, transfigurada em saúde de convalescente fictício, inventando os gestos mínimos com que não tropece na horrível e implacável dureza da realidade. E uma vez e sempre, escondendo--se dela, como criança eternamente mal amada, no mais abrigado recanto da vida, feliz da felicidade do pobre, banhado na doçura anónima do sol:

Não consentem os deuses mais que a vida.

Tudo pois refusemos, que nos alce

A irrespiráveis píncaros,

Perene sem ter flores.

Só de aceitar tenhamos a ciência,

E, enquanto bate o sangue em nossas fontes,

Nem se engelha connosco

O mesmo amor, duremos,

Como vidros, às luzes transparentes

E deixando escorrer a chuva triste,

Só mornos ao sol quente,

E reflectindo um pouco[7].

6   *Ibid.*
7   *Ibid.*, p. 205.

As variações ou exemplificações desta visão convalescente do mundo são inúmeras e na sua monotonia quase sempre constantemente admiráveis. Para alcançar essa *invulnerabilidade* suprema que os fados reais não nos consentem aceitemo-nos como essencial e constantemente perecíveis, a nós e ao universo inteiro, enraizemo-nos sem remorsos na nossa condição original que sem cessar ocultamos para melhor subsistir, com o risco de perder o único benefício e alcançar o único esplendor que pode coroar o nosso *nada:* ter consciência dele. Isto o diz, em perfeita concisão de medalha antiga, um dos mais pungentes e desolados poemas de Ricardo Reis:

> Melhor destino que o de conhecer-se
> Não frui quem mente frui. Antes, sabendo
> Ser nada, que ignorando:
> Nada dentro de nada.
>
> Se não houver em mim poder que vença
> As Parcas três e as moles do futuro,
> Já me dêem os deuses
> O poder de sabê-lo;
>
> E a beleza, incriável por meu sestro,
> Eu goze externa e dada, repetida
> Em meus passivos olhos,
> Lagos que a morte seca[8].

Pertence este poema ao núcleo do denso afloramento que assinala a incontida irrupção da angústia mal suspensa no "primeiro" Ricardo Reis, mostrando como dentro da sua ficção nascida à sombra de Caeiro a própria ficção se anula.

---

8   *Ibid.*, p. 223.

É esse afloramento (capital pela perfeição poética, e capital pelo aprofundamento e autodesmascaramento que significa no "interior" do Reis inicial) aquele que abrange os poemas datados de 1923 e cuja tonalidade de "requiem" por si mesmo, quase masoquista, já não permitirá mais que volva ao poeta do *ideal paganismo* para que nascera. Esse "Reis" é uma novidade absoluta (em Pessoa sem autêntico sentido sempre) mas uma como que aceleração ou brutal depressão, no sentido "meteorológico" mas mais certamente existencial que só a distância solene da forma suspende. Aqui não há lugar para "o sorrir de nada" com que, numa ode de 1918, se deixa fitar pela Natureza sem sentido. O número das odes que constituem esse maciço (enorme para o pequeno espaço de Reis) e a sua proximidade no tempo (de Setembro a Dezembro de 1923) de sobra assinalam a febre, *a crise*, a interrupção brutal do grande jogo com o destino (destino da vida nele, e destino ideal de Poeta) que ainda em 1921 lhe havia ditado o provocante desafio a esse mesmo destino, belissimamente configurado na famosa ode:

> Seguro assento na coluna firme
> Dos versos em que fico,
> Nem temo o influxo inúmero futuro
> Dos tempos e do olvido;
> Que a mente, quando, fixa, em si contempla
> Os reflexos do mundo,
> Deles se plasma torna, e à arte o mundo
> Cria, que não a mente.
> Assim na placa o externo instante grava
> Seu ser, durando nela[9].

9 *Ibid.*, p. 220.

Em tom menor, no dia 2 de Setembro de 1923, em que há nada menos que sete poemas — a mais perfeita desilusão da ilusão se perfila:

Não quero as oferendas
Com que fingis, sinceros,
Dar-me os dons que me dais.
Dais-me o que perderei,
Chorando-o, duas vezes,
Por vosso e meu, perdido.
....
Não terei mais desgosto
Que o contínuo da vida,
Vendo que com os dias
Tarda o que espera, e é nada[10].

É um tom que a solenidade das Odes do mesmo dia, ecoando em sentido oposto um dos mais belos versos de Pascoaes, não fará senão acentuar:

Não canto a noite porque no meu canto
O sol que canto acabará em noite.
Não ignoro o que esqueço.
Canto por esquecê-lo.

Pudesse eu suspender, inda que em sonho,
O Apolíneo curso, e conhecer-me
Inda que louco, gémeo
De uma hora imperecível[11].

10 *Ibid.*, p. 221.
11 *Ibid.*, pp. 221-222.

O poeta que transpostamente acena a uma loucura que no *Fausto* comparecerá sem horacianas cautelas e a uma perdição que só da autolucidez com que se contempla fia a improvável vitória sobre o deserto onde agoniza é há muito o autor de *O Guardador de Rebanhos*, da *Ode Marítima*, o anterior de *Os Passos da Cruz,* o das odes dessas precursoras. Sabe-o e por isso se pode erguer por momentos sobre o tempo para lhe ditar a lei. Mas que existência é a sua, se todo esse universo de poesia mais não é que a solidificada espuma da sua inexistência? Como tocar na máscara o que no rosto não se fixa? O tema da "glória" (imortalidade subjectiva, no sentido de Comte) entretece-se, e não por acaso, com este aprofundamento nele da angústia existencial:

> O que foi como um deus entre os que cantam,
>
> O que do Olimpo as vozes, que chamavam,
>
> Escutando ouviu, e, ouvindo,
>
> Entendeu, hoje é nada.
>
> Tecei embora as, que teceis, grinaldas.
>
> Quem coroais não coroando a ele?
>
> Votivas as depende,
>
> Fúnebres sem ter culto.
>
> Fique, porém, livre da leiva e do Orco,
>
> A fama; e tu, que Ulisses erigira,
>
> Tu, em teus sete montes,
>
> Orgulha-te materna,
>
> Igual, desde ele às sete que contendem
>
> Cidades por Homero, ou alcaica Lesbos,
>
> Ou heptápila Tebas,
>
> Ogígia mãe de Píndaro[12].

12   *Ibid.*, p. 224.

Nunca a decantada (e tão mesquinhamente lida) megalomania de Pessoa passou fronteiras mais reais mas com que tríplice (e inútil) máscara: é na mais gongórica das odes, em fictício autor a si mesmo se aludindo em discurso indirecto, que se atreve a sonhar-se o igual de Homero. Acrescente-se uma quarta e mais segura porta de saída, a do material anonimato do seu íntimo grito de alma e imagine-se a que *terror* de não *existir* (de não existir como Homero, Safo ou Píndaro existem por cima do *Nada* mesmo...) a desmedida confissão responde. Repetiu-se até à náusea que o drama de Pessoa é o do homem e do absoluto, da consciência e da realidade e tudo isso não é senão obsessiva mas abstractamente óbvio. A consciência poética de Pessoa, como a de toda a gente, mas nele superlativamente, vive uma relação *concreta,* plena, com certos conteúdos e, tendo-se assinalado uma vocação poética, uma relação privilegiada com privilegiados mundos poéticos. O que aos outros pode passar inadvertido ao seu demónio interior não escapa. Essa poesia *objectiva* que ele, crítico sem segundo, reconhece superior a todas, esse dom de rivalizar com Deus perdendo-se por amor nas suas criaturas, dom de Homero, de Dante, de Shakespeare, de Milton, no fundo do seu coração sabe que o não possui. Só o de fingir até aos limites do verosímil (para os outros e às vezes, sem dúvida para si mesmo) esse dom lhe foi concedido, e esse o levará a um grau de refinamento raro na história, já bem complicada, das relações entre "criador" e "criatura". O "drama em gente" é isso mesmo, e o seu conteúdo concreto é bem o da *impotência criadora* como sublinharam João Gaspar Simões e Jacinto do Prado Coelho, embora retraduzindo-o, em seguida, em termos, para Pessoa, inadequados. Mas a intuição é justa e capital. De resto, nem de intuição se trata, mas de eco ao que, com a lucidez implacável que no-lo torna fraterno, Pessoa--Ricardo Reis tão cruelmente sublinhou:

> Frutos, dão-nos as árvores que vivem,
> Não a iludida mente, que só se orna
> Das flores lívidas
> Do íntimo abismo.
> Quantos reinos nos seres e nas cousas
> Te não talhaste imaginário! Quantos,
> Com a charrua,
> Sonhos, cidades!
> Ah, não consegues contra o adverso mundo
> Criar mais que propósitos frustrados!
> Abdica e sê
> Rei de ti mesmo[13].

Já do "primeiro-Reis" — o de 1914-16, fundamentalmente — conhecíamos esta forçada "abdicação", como desde o início esteve presente "o deus atroz que os próprios filhos devora sempre" mas as mesmas imagens, obsessões ou símbolos parece terem-se separado do que nele é "jogo" sério com Caeiro, acudindo agora não apenas para revestir epicurismos ou estoicismos simbólicos ou simbolizantes, mas para revestimento das fundas feridas e acompanhamento da desilusão nada imaginária que do Poeta de 1927 já se apoderara. Não é certamente um acaso se nas poesias desse ano e nos seguintes (com

---

13 *Ibid.*, pp. 227-228.

excepção dos imediatamente anteriores à sua morte, ocultisticamente amparados à "leve tutela de deuses descuidosos") se encontra o que de mais friamente descarnado se pode conceber para dar corpo ao espaço iluminado e nulo da morte. À "barca que não vem senão vazia" soube sempre Pessoa desenhar com dedada infalível o nulo e anulador perfil. É do ano crucial de 23 essa mesma célebre imagem e, do mesmo ano ainda, a vivida apropriação imaginária dessa hora que só sob a pena de Álvaro de Campos, tão gémea da de Reis na sua oposição por fora, encontrará mais fulgurante e lírica metamorfose:

> Olho os campos, Neera,
> Campos, campos, e sofro
> Já o frio da sombra
> Em que não terei olhos.
> A caveira antessinto
> Que serei não sentindo,
> Ou só quanto o que ignoro
> Me incógnito ministre.
> E menos ao instante
> Choro, que a mim futuro,
> Súbdito ausente e nulo
> Do universal destino[14].

Dessa imaginação, cúmplice e íntima da morte, esforçando-se por se libertar dela pelo esvaziamento da ideia mesma da morte, poucos poemas de Pessoa nos proporão uma tão profunda e melancólica visão como o da *Ode* de Reis de 1927:

14 *Ibid.*, p. 226.

A nada imploram tuas mãos já coisas,
Nem convencem teus lábios já parados,
No abafo subterrâneo
Da húmida imposta terra.
Só talvez o sorriso com que amavas
Te embalsama remota, e nas memórias
Te ergue qual eras, hoje
Cortiço apodrecido.
E o nome inútil que teu corpo morto
Usou, vivo, na terra, como uma alma,
Não lembra. A ode grava,
Anónimo, um sorriso[15].

É com justiça célebre esta *Ode*, onde todos os motivos de Reis se unem numa síntese perfeita, e integrada neles a substância mesma da sua criação, tentativa de salvar do universal desastre da vida o que de anónimo sorriso nela pode haver. Em parte alguma se incarna melhor a *poética* de Reis, cedo (1915) e com ostensiva gala, enunciada:

O resto passa,
E teme a morte,
Só nada teme ou sofre a visão clara
E inútil do Universo[16].

Para dar vida a essa aspiração, ou antes, como aspiração dela, surgiu justamente Reis, trazendo colado ao rosto, além da insolúvel questão de que é fictícia resposta, uma

15 *Ibid.*, p. 229.
16 *Ibid.*, p. 212.

outra menos espectacular, mas de não menos imperativa urgência: a de mostrar, por assim dizer, com a prova nas mãos, que poesia é mais que destino e deuses. Submeteram-se o tempo e a morte, as únicas "realidades" que impedem a consciência de se sentir *existente,* à estratégia de Pessoa, encerrando-se, enquanto Reis, na forma que as supera? Nem o esforço para fingir que nada são, nem o inverso de crer que são tudo e viver, apesar dos deuses, como se o não fossem, aboliram o irredutível absurdo de que são feitos. A serenidade voluntariamente fictícia de Reis não os supera mais, nem melhor, que a calma ficticiamente natural de Caeiro. Nem uma nem outra são mais do que polos de uma mesma angústia. Mas não realmente simétricas. Mais *natural,* em sentido próprio, a calma de Caeiro, que só de todo o não é pelo excesso a que a força o sonho de Pessoa. É natural e óbvio aceitar que as *coisas são reais* e é em função dessa quotidiana convicção que a humanidade existe. Mas já o é menos desejar *a realidade das coisas* como *única realidade* para se libertar da própria e enigmática *irrealidade* e alcançar assim a única felicidade de que somos capazes. A uma consciência, originalmente infeliz por separada de si mesma, e separada de si mesma porque o é das coisas, só o sonho dessa harmonia, menos a realizar do que já realizada (mas que nós empanamos e destruímos *pensando*) entre o homem e as flores, as árvores, a Natureza, pode ofertar a almejada paz. Mas Ricardo Reis significa que esse *belo sonho*, o único que vale a pena, é isso mesmo, um sonho, o que Caeiro fingia não saber, sabendo-o, como no primeiro poema de *O Guardador de Rebanhos* está escrito:

Com um ruído de chocalhos
Para além da curva da estrada,
Os meus pensamentos são contentes,
Porque, se o não soubesse,
Em vez de serem contentes e tristes,
Seriam alegres e contentes[17].

Este fingido mínimo de autoconsciência (que por isso é um máximo...) converte-se em Reis (o seu volver *é* Reis) num máximo que, enquanto tal, repousa, como a aceitação da realidade das coisas por Caeiro, em não menos natural e universal experiência: *as coisas*, e nós com elas e no meio delas, são arrastadas, ou antes *talhadas* no tempo e pelo tempo. O que já é menos natural, embora o seja muito, é dar a essa vivência um papel absoluto ou sufocar sob a visão de uma total *irrealidade* do todo e de tudo, não meramente interior, mas por assim dizer "palpável", inscrita na mortalidade e insubsistência de tudo quanto existe. Não concebendo nenhuma saída positiva (e existe?) para esse círculo traçado à sua volta, e em seu próprio centro instalado, Pessoa aceita a *realidade* dessa irrealidade. Se tudo é tempo sejamos tempo, e o tempo terá um sentido.

A *forma* da passagem de Pessoa a Caeiro é a mesma que a de Pessoa a Reis mas *mediada*, como o seu criador o explicou, pela existência de Caeiro, e mantendo com ela a exacta filiação de *discípulo*. Discípulo da sua serenidade mítica, levando de algum modo mais longe que Caeiro a vontade de *ser inconsciente*, não pela aceitação da opacidade das coisas que favorecem essa inconsciência, mas diante do tempo

---

17 *Ibid.*, p. 137.

que a não consente. Sobretudo, levando-a mais longe à custa da *ficção* como tal vivida e por isso mesmo reaproximando-se do Pessoa de onde Caeiro emergiu. Reis é já, na realidade em terceiro grau que representa, uma forma de *regresso* a Pessoa, regresso ao mesmo tempo impossível e exasperado pela "existência" hipoteticamente *feliz* de Caeiro. A sua vontade de se assimilar e mesmo de superar o Mestre, reeditando a sua aventura plácida diante de desafios bem mais temíveis que flores, árvores e rios, tinha de passar, como os poemas no-lo mostram, de uma provisória e cultivada indiferença diante de amores a que se fecha os olhos, até ao terror nu de se ver e saber anulado e deglutido pelo que é insensível a rogos, a lágrimas e astúcias de razão doente:

> Lídia, a vida mais vil antes que a morte,
> Que desconheço, quero[18].

É de 1927 a *Ode* que inclui este "grito", que o é de todas as vidas e que idêntico, senão na forma em sua substância, encontraremos nas passagens mais nuas e encostadas sem artifício algum à sua realidade, em Álvaro de Campos e no *Fausto*. É por demais claro que *o jogo* interior do primeiro Reis está terminado, ou só se repete como esconjuro. Uma tristeza que não busca mascarar-se, a mais sombria das melancolias que o tom antigo acentua ainda, devolvendo-nos um efeito inverso daquele para que havia nascido, um furor mal domesticado por externa compostura, tal é a atmosfera das últimas *Odes* penetradas até

18 *Ibid.*, p. 230.

ao âmago de um sabor quase nauseante de morte, ou se a palavra existisse, de "funebridade". Com raiva mal oculta que em Campos se desgrenhará, Reis empurra quase com alegria a realidade inteira para a vala comum:

> Nada fica de nada. Nada somos.
> Um pouco ao sol e ao ar nos atrasamos
> Da irrespirável treva que nos pese
> Da humilde terra imposta,
> Cadáveres adiados que procriam.

> Leis feitas, estátuas vistas, odes findas —
> Tudo tem cova sua. Se nós, carnes
> A que um íntimo sol dá sangue, temos
> Poente, porque não elas?
> Somos contos contando contos, nada[19].

O seu epicurismo desvaneceu-se, o seu estoicismo perdeu a generosidade abstracta para guardar uma espécie de agressividade anónima, os sinais de fechamento íntimo são visíveis, a escotilha pronta para a descida solitária e sem regresso, estrangeiro a tudo e a si mesmo pelo desejo imortal de se unir totalmente a tudo:

> Ninguém a outro ama, senão que ama
> O que de si há nele, ou é suposto.
> Nada te pese que não te amem. Sentem-te
> Quem és e és estrangeiro[20].

19   *Ibid.*, p. 239.
20   *Ibid.*, p. 239.

O obscurecimento é perfeito dentro e fora do "súbdito inútil de astros dominantes" e é com aquela voz a mais próxima nele do silêncio, a voz herdada ou reconhecida em Camilo Pessanha, que ao invés de Caeiro fecha as janelas de que não precisa para ver entrar a noite que já nele existe:

> Estás só. Ninguém o sabe. Cala e finge.
> Mas finge sem fingimento[21].

Dentro de si mesmo, como todos hão-de fazer, o heterónimo-Reis retira a máscara. Fica só Pessoa, mas Pessoa-outro, pelo jogo alterado no mais extremo abandono e consciente dele, com as mãos em corredores para o abismo voltados, e que não saltará. Talvez apenas porque esses "deuses" que, decorativos, balizam o seu itinerário hipoteticamente pagão se lembraram nele com outra espécie de presença. Como os primeiros, os últimos poemas de Ricardo Reis a eles aludem com insistência, mas esculpindo diversa figura da sua consciência e quase de oposta visão nascidos. Nos primeiros poemas desciam de um "cimo" ou de um oculto lugar, mais abismais que a verdade ("Acima da verdade estão os deuses"), incarnações da vontade e do pensamento que nós só reflexa e ilusoriamente somos:

> Anjos ou deuses, sempre nós tivemos,
> A visão perturbada de que acima
> De nós e compelindo-nos
> Agem outras presenças.

---

21   *Ibid.*, p. 241.

Como acima dos gados que há nos campos
O nosso esforço, que eles não compreendem,
Os coage e obriga
E eles não nos percebem,
Nossa vontade e o nosso pensamento
São as mãos pelas quais outros nos guiam
Para onde eles querem
E nós não desejamos[22].

Depois de o terem assinalado como convinha e a evidência o pedia, não conferiram os seus clássicos exegetas ao ocultismo de Fernando Pessoa o lugar central que é o seu[23], considerando-o apenas como uma heteronímia difusa, vaga ou sinceramente envergonhados de que tão extralúcido e soberano espírito se tenha perdido nos suspeitos meandros de um espiritualismo (quando não "espiritismo") de segunda zona[24]. Se em alguma coisa Pessoa consentiu perder-se foi só no iluminado pântano desse ocultismo, reunindo-se aí à coorte numerosa dos que desde Swedenborg nele encontraram a resposta imaginal contra a solitude divina do eu do idealismo moderno. O ocultismo foi a religião dos místicos sem ela (no sentido comum), complexa nebulosa que não convém, para entendimento necessário da odisseia efectiva da consciência moderna em busca da ítaca sempre

22 *Ibid.*, pp. 211-212.
23 Pelo contrário, foi sobre ele, sobretudo na sua fase político-mística, que insistiu a sua interpretação de António Quadros, *Fernando Pessoa*, ed. Arcádia. E, num sentido mais ocultista, recentemente, Dalila Ferreira da Costa, *O Esoterismo de Fernando Pessoa*, ed. Lello e Irmão, 1971.
24 Ver nota D no final do volume (p. 250).

ausente ou diferida, enviar para o armazém do pitoresco insignificante. Nela estão inscritas as aventuras essenciais do que Albert Béguin chamou a "alma romântica" e seus sóis negros sempre renascentes, de Nerval a Yeats e a Breton. Não está mal, nem deslocado, Pessoa nesta constelação, mas está a seu inconfundível modo. Aquele que sob tantas formas escreveu:

> Nada deseja
> Salvo o orgulho de ver sempre claro
> Até deixar de ver[25].

não podia perder-se naquilo mesmo que aceito o salvaria. E não podia perder-se porque *a consciência é um sol sem noite cuja vigília não consente sono*. Este dado capital do espírito moderno — sua essência mesma — só em pseudo-sonho pode transladar a anjos e deuses a liberdade, a transcendentalidade de que é manifestação. É inútil carregar os deuses com o nosso próprio fardo. Esses deuses são só o nosso fardo ficticiamente deposto. Assim volvem no último Ricardo Reis, equivocamente revestidos dos poderes antigos de serem mais do que nós e nos julgarem na sua luz inumana, ou de não serem senão a figura da consciência em perpétua fuga diante de si mesma. Desta última possibilidade e exactamente com o mesmo gesto que em 1914 lhe havia servido para supor deuses que de si o repousem, testemunha o poema não datado, mas verosimilmente dos anos finais em que Maria Aliete Galhoz o coloca:

25   O. P., p. 212.

Meu gesto que destrói
A mole das formigas,
Tomá-lo-ão elas por de um ser divino;
Mas eu não sou divino para mim.

Assim talvez os deuses
Para si o não sejam,
E só de serem do que nós maiores
Tirem o serem deuses para nós.

Seja qual for o certo,
Mesmo para com esses
Que cremos serem deuses, não sejamos
Inteiros numa fé talvez sem causa[26].

Infelizmente (ou felizmente, é conforme...) Pessoa não corria esse risco das "fés inteiras". Hamlet, sem outro reino nem armas mais que a dos "versos" em que crê com o mesmo excesso com que descrê, Pessoa não sairá jamais da mistura de túmulo e berço, onde se encerrou desde o momento em que para si mesmo nasceu. Dessa recusa de "crescer" e "mudar" (que só podia ser, como ironicamente o diz, "para seu igual") todo o Ricardo Reis, mas particularmente o último, é a suprema petrificação. É no *tempo* mais antigo de Pessoa, não só o mítico da história, da ideologia, da estética (Grécia-Roma-monarquia, ode), mas interior, que Reis existe. Nem de externo pai e mãe precisa para se reconduzir através deles à infância, ela mesma imaginária, onde se refugia. Abrir os olhos é ver

26   *Ibid.*, p. 247.

tempo e morte. A tudo prefere o sono acordado da vida, esquecida de um e outra, que o acordar *outro*, mesmo para melhor, como em uma *Ode* de 1917 escreve. Mas mais do que tudo teme que esses deuses em que mal crê ou não crê, suspeitando-se ser ele mesmo esse "deus" (*Ode* de Dezembro de 1931), possam ser o terrífico espelho, *onde o que é, sem véus a si mesmo se apareça*. De todas as possibilidades que na sua imaginação se perfilam essa é aqui e será em Álvaro de Campos e no *Fausto* a única realmente *intolerável*. Que terror de si mesmo escondia, que segredo que fosse só dele e não de todos nós submetidos ao tempo Pessoa enterrava com tão fabuloso artifício, a ponto de pedir aos deuses, como bênção suprema, *que o não vissem?* Sua solidão? Sua infelicidade? Sua impotência, nos dois sentidos do termo? Mas *porquê?* e feitas de *quê?* Que pânico o leva a pedir, a desejar, como preferível a tudo, o não sair do "ergástulo de ser quem é"?:

Quero dos deuses só que me não lembrem[27].

Criado para se acomodar a um universo feito só de irrealidade (ao invés do de Caeiro, transbordante dela), nela se enraíza e acaba por encontrar um lar onde bebe fria a permanente ausência de si mesmo onde todas as outras se alimentam, ausência imaginária por impossível e só feita da impossibilidade de si mesmo se ausentar. Mas isto mesmo ele sabe e não o salva. Não há acaso na literatura universal, ou pelo menos tão radical e abstractamente encarnado, mais esquizofrénica experiência do que a plasmada

27 *Ibid.*, p. 246.

em Reis até à náusea e só da esquizofrenia separada pelo gume (equívoco) da sua expressão. A consciência como actividade ou acto *nadificante* tem em Reis a sua elegia, a mais triste e melancólica das elegias que o tom épico da ode não consegue disfarçar. Desta descida ao inferno, ao mesmo tempo voluntário e involuntário do enclausuramento íntimo, tirou Pessoa o seu monótono e fascinante canto[28]. E com ele, para a universal poesia, alguns dos poemas mais altos suscitados pelo sentimento da irrealidade e sua topologia quimérica:

> Aguardo, equânime, o que não conheço —
> Meu futuro e o de tudo.
> No fim tudo será silêncio, salvo
> Onde o mar banha nada[29].

28 Ver nota E no final do volume (p. 251).
29 *Ibid.*, p. 242.

4
O MISTÉRIO-CAEIRO NA LUZ
DE CAMPOS E VICE-VERSA

> [...] *o efeito em mim foi de receber de repente,*
> *em todas as minhas sensações, uma virgindade*
> *que não tinha tido.*
>
> A. CAMPOS ("Notas para a Recordação
> do Meu Mestre Caeiro")

> *A mim, pessoalmente, nenhum me conheceu,*
> *excepto Álvaro de Campos.*
>
> F. PESSOA

Asfixiante espaço aquele em que Pessoa se encerra enquanto Reis e onde tivemos de confiná-lo para poder descrevê-lo na sua fictícia e real autonomia. Paralelamente e em estrita contiguidade com ele, como os termos da "carta sobre a génese dos heterónimos" o indicam, o mesmo Pessoa "respira" em Campos e nele fictícia e realmente se liberta sem deixar de agonizar. Pessoa não teve de inventar a forma-Campos como, a bem dizer, nenhuma das outras. Encontrou-a, efusiva e magnificente, no seu caminho como "estrada largamente aberta" à respiração do mundo. Mas encontrou-a com o que era e o que era só podia entrar nessa apopléctica e cósmica respiração de Walt Whitman *fazendo de conta* que a respirava. Na realidade, e logo ao primeiro contacto — e não a partir de dada altura, como se tem escrito — a enegrece do interior para tomá--la coisa sua e igualmente do interior, naquele movimento de passagem ao limite que lhe é próprio, a histeriza por não poder respirá-la com naturalidade. Mas como respirar é mais natural do que suspender a respiração (Reis) ou fingi-la (Caeiro), todos temos a impressão, quando a poesia de Campos nos bate no rosto, de entrar em inesperada terra da promissão. Ao contacto do pulsar tumultuoso e vivificante de sentimentos, paisagens, vivências, como que cinematograficamente surpreendidos em seu perfil e movimento, lembrados da cela e do redil diversamente desincarnados de Reis e Caeiro, não podemos fugir à ideia de estar, enfim, em plena feira do mundo, com sua excitação sem cessar renovada, seu clamor e seu prodígio. Para ser isso mesmo surgiu Campos, abrupta e furiosamente, mas não no mistério e na opacidade genética a seu autor impenetrável, como Caeiro. Sempre coerente com esta opacidade, não se refere Pessoa no seu relato mítico sobre a génese, à relação directa de Campos com Caeiro. Com claridade refere apenas que Campos surge *em derivação oposta* (a partir de Caeiro, naturalmente) à de Ricardo Reis. Não custa a compreender o processo desta "derivação oposta" quando lida como ler se pode na oposição derivada que efectivamente os poemas-Reis e os poemas-Campos, em que primeiro incarnaram, se manifesta. A *Ode Triunfal,* hiperbólico hossana como tal confessado à explosiva e premente novidade do mundo e sobretudo aos seus aspectos mais agressiva e perturbadoramente modernos, é uma antítese sensível do espaço morto e do tempo de morte onde Reis se recorta. Mas se se compreende bem, como o explicámos, o caminho que da ficção-Caeiro (que é a verdade *inacessível* de Pessoa) permite *regressar* a um Reis já potencialmente existente, já é mais difícil de perceber como Pessoa une Campos ao mesmo processo de derivação. Como todos os heterónimos, Campos, *concretamente, é* bem outra coisa que a mera possibilidade dialéctica de incarnação, em dado momento da sua trajectória, de determinada visão metafísico-estética. Na sua primeira manifestação, a que o define e nos interessa agora, Campos é *apenas* a *Ode Triunfal* onde se encarna e através dela uma poesia que avança para nós, na aparência sem máscara alguma, com os passos e a música "formalmente" jubilosos de Walt Whitman:

À dolorosa luz das grandes lâmpadas eléctricas da fábrica
Tenho febre e escrevo.
Escrevo rangendo os dentes, fera para a beleza disto.
Para a beleza disto totalmente desconhecida dos antigos.

O rodas, ó engrenagens, r-r-r-r-r-r eterno!
Forte espasmo retido dos maquinismos em fúria!
Em fúria fora e dentro de mim,
Por todos os meus nervos dissecados fora,
Por todas as papilas fora de tudo o que eu sinto!
Tenho os lábios secos, ó grandes ruídos modernos,
De vos ouvir demasiadamente de perto
E arde-me a cabeça de vos querer cantar com um excesso
De expressão de todas as minhas sensações,
Com um excesso contemporâneo de vós, ó máquinas[1].

---

[1] O. P., p. 260.

De que Caeiro *derivou* este Walt Whitman que nele *confessadamente* (em todas as versões clássicas da génese) *não existia?* Por que motivo deixou Pessoa este *hiato* no relato mitológico da criação heteronímica? Não se lerá nele, em transparência, todo o mistério-Pessoa?

Campos sai inteiro, "impetuosamente" e sem má consciência, do maciço inconscientemente camuflado de Caeiro, o qual não é outra coisa do que *glosa e transfigurado eco da visão que Walt Whitman tem das coisas, não do concreto hino com que as canta.* Os nascimentos, igualmente "impetuosos", de Caeiro e Campos são simétricos e testemunham da mesma ânsia e urgência de libertação psíquica, mas desenham figuras invertidas de uma "comédia-drama" de criação a nenhuma outra parecida. Campos só podia nascer com a sua plena e falsa inocência walt-whitmaniana depois de Pessoa se ter provado a si mesmo que tinha em si (que era) um Mestre incomparável, não descido do seu próprio passado ou da sua consciência impregnada de alheio mundo poético fulgurando já na memória literária, mas de um *algures* que ele não hesitará em interpretar em termos ocultistas. Caeiro é essa prova. Com ele reenvia para a sombra mais densa do seu espírito ou iluminando-a em falso a matriz de onde tão visivelmente procede[2]. Nas referências ao "ser", "sentido" e "valor" dos poemas de *O Guardador de Rebanhos,* o "tímido" Pessoa atingiu o cúmulo daquilo que se ele não fosse quem foi, e é, só poderia ser apelidado

---

2   Essa "visibilidade", que está inscrita antes do mais nos *poemas,* mas igualmente se era obrigado a deduzir da explicação fornecida por Pessoa na "Carta sobre a génese, etc.", só recebeu uma confirmação precisa nas *Páginas Íntimas,* publicadas por G. Lind e J. Prado Coelho em 1966.

de megalomania. Numa passagem conhecida da carta de 25 de Fevereiro de 1933 a Gaspar Simões, sem nenhum daqueles laivos de humor que nele tudo remetem para a ambiguidade, Pessoa não hesitou em escrever: "Teria eu assim o prazer de serem vv. que apresentassem o melhor que eu tenho feito — obra que, ainda que eu escrevesse outra *Ilíada*, não poderia, num certo íntimo sentido, jamais igualar, porque procede de um grau e tipo de inspiração (passe a palavra, por aqui exacta) que excede o que eu racionalmente poderia gerar dentro de mim, o que nunca é verdade das *Ilíadas*[3]." Não há aqui a mais pequena possibilidade de situar Caeiro em paragens conhecidas. Mas a verdade, ainda que sobre a forma de "lapso" por contiguidade, irrompe na passagem célebre do inevitável Álvaro de Campos (aquele que podia referir-se com mais filial naturalidade a Whitman) acerca das "três verdadeiras manifestações de arte não-aristotélica": "A primeira está nos assombrosos poemas de Walt Whitman; a segunda está nos poemas mais que assombrosos do meu mestre Caeiro; a terceira está nas duas odes — *Ode Triunfal* e a *Ode Marítima* — que publiquei no 'Orpheu'. Não pergunto se isto é imodéstia. Afirmo que é verdade". Eis Caeiro situado exactamente pelo seu autor, sem o querer, ou querendo-o para outros fins, onde realmente está e existe: entre os "assombrosos" poemas de Whitman e os admiráveis de Campos, filho *incógnito* de uns e pai confessado dos outros. O gesto de o pôr à parte, e acima, não chega, bem pelo contrário, para minimizar o *entre* onde,

---

3   *Cartas de Fernando Pessoa a João Gaspar Simões*, Publicações Europa-América, s. d., pp. 128-129.

por instinto, Pessoa-Campos o colocou. E menos ainda o gesto de envolver o "Mestre" na sombra que também nele há, mas não tão forte que tenha criado a noite à sua volta, de Cesário Verde, à memória de quem pensou dedicar os poemas-Caeiro. E embora vãs, não podem ser mais significativas estas manifestações de um *auto-ocultamento*, à primeira vista pouco crível e incompreensível. A menos que esteja relacionado, como supomos, com o "nó górdio" fundamental da sua personalidade mais profunda, tanto do ponto de vista especificamente psíquico como, no que mais deve interessar-nos, do ser imaginativo e criador. Da genérica *ocultação* que a heteronímia constitui — e que, em boa verdade, o mesmo Pessoa não "oculta" — falaram em detalhe, com diversa pertinência, os exegetas principais, Gaspar Simões, Jacinto do Prado Coelho e Mário Sacramento. Mas essa genérica ocultação que, enquanto tal, psicologicamente tudo explicaria, pesa pouco e, no fim de contas, contribuiu como nada mais para *ocultar* o *efectivo* processo criador de Caeiro. É à luz da ocultação de Whitman em Caeiro que o drama da heteronímia deve ser apreendido e é nessa luz que nos estamos esforçando por lê-lo. A isso obriga o esclarecimento da confessada *derivação* de Campos da matriz-Caeiro onde devia estar e aparentemente não está, senão *recalcado,* no mais imediato e freudiano dos sentidos.

O caso é tanto mais surpreendente e significativo se nós observarmos que essa "ocultação" não foi tão absolutamente involuntária como à primeira vista se poderia supor fazendo fé apenas nos documentos capitais que são a carta a Casais Monteiro e a tábua cronológica enviada a Cortes-Rodrigues já depois do aparecimento dos heterónimos. Tudo parece pois passar-se como se Pessoa não quisesse confessar *publicamente* a relação ou filiação de Caeiro em Whitman, reservando ostensivamente através dos seus poemas "whitmanianos" essa filiação para o caso de Campos. Na minuciosa lista das "influências", já nascido Campos, *esquece-se* de mencionar Whitman. Ora nos textos exumados por G. Lind e J. do Prado Coelho, textos duplamente "secretos" pelo ineditismo e por escritos em inglês (sua maneira de cifrar-se... culturalmente) nós lemos com pasmo que Pessoa escreve: *com quem mais Caeiro se parece é com Whitman*[4]. Depois desta confissão, esperar-se-ia qualquer referência precisa a uma tal afinidade. Debalde: nesse texto precioso Pessoa desloca o seu foco para Pascoaes e mesmo para Francis Jammes. Se fala (e muito) de Whitman e da sua relação com Caeiro, é para pôr em relevo *a originalidade absoluta do último*. Dir-se-ia que a dúvida o atormenta. O paralelo que estabelece com Whitman é obcecante: "Como Whitman, Caeiro deixa-nos perplexos. Somos arrancados à nossa atitude crítica por um fenómeno tão extraordinário. Jamais vimos algo de parecido com ele. Mesmo depois de Whitman, Caeiro é estranho e terrivelmente, pavorosamente, novo"[5]. E com uma prolixidade que lhe não é habitual, esforçar-se-á em seguida por pôr em relevo tudo o que o *separa* de Whitman, nunca o que a ele o une, encontrando-se nesse comentário, cuja natureza auto-ocultante é prodigiosa, a mais admirável e penetrante exegese que jamais a intenção-chave da poesia de Caeiro despertou e que tornaria

4 *Páginas Íntimas e de Auto-Interpretação* — textos estabelecidos e prefaciados por Georg Rudolf Lind e J. do Prado Coelho, Edições Ática, s. d., p. 344.
5 *Ob. cit.*, p. 345.

as nossas glosas inúteis se outra luz não descobríssemos para a situar.

Tudo o que Pessoa tão luminosamente escreve acerca da inegável *originalidade poética* de Caeiro só parece destinar-se a inconsciente fim de lhe ocultar o mistério de uma filiação e de uma dívida que, mais tarde e às claras, não reconhecerá. Quem não se lembra da passagem famosa sobre a *origem* de Caeiro: "escrevi trinta e tantos poemas a fio, numa espécie de êxtase cuja natureza não conseguirei definir. Foi o dia triunfal da minha vida, e nunca poderei ter outro assim[6]." Como conciliar este nascimento *misterioso* e a sombra de Whitman que sobre ele paira só na "clandestinidade" aludida? Simulação pura, origem de todo o cenário futuro das explicações heteronímicas? A questão parece-nos mais simples e ao mesmo tempo de maior alcance. Já o dissemos: o *choque* recebido por Pessoa do seu encontro com Whitman foi de uma natureza diferente daqueles que habitualmente recebeu dos grandes poetas que frequentou. Mas não menor foi o choque-recusa desse impacto, a metamorfose operada inconscientemente (e conscientemente) sobre o mundo de Whitman que um dia realmente lhe saiu *parecido* e *outro,* processo intenso de negação-criação, tão intenso que pôde determinar na consciência de Pessoa esse insólito reflexo de *rasurar* o texto-mãe que o fascinou e lhe permitiu "inventar" Caeiro. É esse "texto-mãe", ocultado ao máximo em Caeiro, que reaparece irreprimivelmente em Campos.

---

6 *Fernando Pessoa* — antologia seleccionada por A. C. Monteiro, 1942, ed. Confluência, p. 198.

Pode pois dizer-se que nos alicerces do labiríntico universo de Pessoa, como na memória cega de Édipo, há um *pai*, senão assassinado, integrado sem deixar rasto e, em Campos, redivivo. Não se imagine, contudo, que esta é a mais pérfida e última demão crítica lançada na cena literária onde há muito se instaurou o processo da *mistificação intrínseca* do processo criador de Pessoa, e mais pobre ou tristemente, o da sua poesia. Mistificar é dominar de começo ao fim o acto com que a outrem ou a nós mesmos (automistificação) nos enganamos. Ora na origem do que sendo jogo de criação, pela seriedade intrínseca (e porventura anormal) o ultrapassa, há esse curioso *ponto cego*, essa opacidade profunda, mesmo e sobretudo na sua forma voluntária, da consciência de Pessoa, inventor dele. É isso que toma inaceitável a ideia de mistificação, a que com tanta ligeireza ou júbilo se alude. A contradição entre as explicações de Pessoa, insistindo tanto no mistério genético de Caeiro e a percepção clara dos laços que o prendem a Whitman, é mais aparente que real, embora assinale só por si uma inquietude e, porventura, um drama de consciência criadora cuja relação com o *drama em gente* nos parece óbvia. Na verdade, o complexo processo que permitiu ao Pessoa-anterior-aos-heterónimos escrever os poemas-Caeiro e em seguida os poemas-Campos através de uma dupla mediação de Walt Whitman não se resume ao de uma pura e simples assimilação, quer da atitude metafísica-"não-metafísica" do cantor das *Folhas de Erva*, quer do seu específico processo criador. Trata-se de um único movimento de fascinação e luta, de uma tentativa de *vencê-lo* a níveis diferentes. Caeiro representa, por assim dizer, uma vitória tão excessiva que nela se esquece o adversário, enquanto que Campos nos mostra o combate em vias de realização.

Não temos intenção de nos perder nas miragens há muito descoloridas do deserto crítico determinado pelo recurso às famigeradas "influências". O encontro de Pessoa e Walt Whitman, que tudo leva a crer tenha sido muito próximo do ano fatídico e glorioso de 1914, dado o que nós sabemos que Pessoa já era (e será sempre), releva de outra lei. Nem foi um "encontro" no género daqueles que Pessoa teve o cuidado de alinhar na conhecida tábua bibliográfica do seu punho (e onde Whitman está como dissemos freudianamente rasurado...) mas um autêntico e violento *choque,* uma "violação" do seu domicílio interior. Em forma de poemas assombrosos (e de ninguém mais o diria) Whitman era *exactamente tudo quanto ele não era e, por não sê-lo, aspirava ser sem consegui--lo.* Como um tal encontro não escureceria por excesso de luz o seu universo interior? Como, sem deixar de ser quem era (admitindo que o pudesse), poderia ser esse *outro* que realmente queria ser sem poder? Desse debate, cuidadosamente preservado dos riscos que comportava, convertido em sua própria substância até ao ponto de se lhe tornar invisível, surgirá através de uma visível decantação nas galerias da alma, suficiente para que o seu criador por ele recriado o não reconheça, o *triunfal* momento-Caeiro. Já vimos que na realidade do seu texto não é tão "triunfal" como isso, mas Pessoa quis assinalar o nível de tensão do seu nascimento (o grau de libertação, em suma) que Caeiro representou, e não o seu resultado. Significativa coincidência, ou antes, transparente coerência interior do mundo sem acaso que é, em sua contingência aparente, o de Pessoa: é igualmente sob o signo do *triunfal* que nasce Campos, na *Ode* com o título famoso.

E de novo o cenário se reconstitui. Ostensivamente whitmaniana no seu andamento, no recorte das imagens e no processo de as acumular, mas mais ainda na fraternidade exaltada do erotismo turvo que a estrutura e banha, num grau que só em inglês será mais transparente ou cru, a *Ode Triunfal* nem sequer esconde, como o primeiro Reis, a ruína da ficção que ficticiamente representa. Em termos whitmanianos Campos é *a erosão* efectiva, incarnada, do mundo e da visão admiravelmente exaltante de Walt Whitman e pela mesma ocasião desse futurismo que tão ingenuamente fascinava em Paris o seu amigo Sá-Carneiro e a ele lhe nascia *exausto*. Por isso pode clamar com não fingidos fervor e exaltação a sua identificação bem sucedida com Walt Whitman a ele convertido e, ao mesmo tempo, saborear a amarga derrota que essa falsa vida whitmaniana lhe confere, na famosa *Saudação a Walt Whitman* de 1915, justamente um ano após o nascimento de Campos:

> Meu velho Walt, meu grande Camarada, evohé!
> Pertenço à tua orgia báquica de sensações-em-liberdade,
> Sou dos teus, desde a sensação dos meus pés até à náusea
>   em meus sonhos
> Sou dos teus, olha para mim, de aí desde Deus vês-me ao
>   contrário:
> De dentro para fora... Meu corpo é o que adivinhas, vês a
>   minha alma —
> Essa vês tu propriamente e através dos olhos dela o meu
>   corpo —

EDUARDO LOURENÇO

Olha para mim: tu sabes que eu, Álvaro de Campos, enge-
  nheiro,
Poeta sensacionista,
Não sou teu discípulo, não sou teu amigo, não sou teu cantor,
Tu sabes que eu sou Tu e estás contente com isso![7]

O "primeiro" e matricial Pessoa-Álvaro de Campos, como diálogo em terceiro grau que é, encerra-nos na trama mais triplicemente unida de toda a poesia de Pessoa, duplicando ainda o seu ilusionismo quase inexpugnável pelo engodo da expressão tão ao rés da prosa onde nos envolve. Se, como entre outros exegetas, mas com extrema claridade L. Stegagno Picchio o sublinhou, em cada heterónimo está presente a sua autocrítica — e talvez seja preferível dizer logo que são fatalmente autocríticos — em Campos a autocrítica tem um halo irónico suplementar. A nenhum dos seus heterónimos incorporou Pessoa tão magistralmente a própria poética que os rege fazendo do poema simultaneamente interioridade dominada e diálogo com os propósitos ideais que através dele se manifestam. A *Ode Triunfal*, a *Ode Marítima*, a *Saudação a Walt Whitman* são verdadeiras autodenunciações da sua própria prática poética e criadora, antecipando aqueles poemas que de maneira directa ou simbólica tomam como sujeito o acto mesmo que os cria, como *Último Sortilégio*. Mas o mais interessante, em poemas como *Saudação a Walt Whitman*, é a extraordinária "psicanálise" que o texto leva a cabo revelando, com uma transparência miraculosa, os laços *reais* que unem a poé-

7   O. P., p. 295.

tica de Whitman e de Pessoa-Campos. Não há ilusão na ficção com que Pessoa-Campos se supõe outro Whitman ou uma só coisa com ele, pois ninguém como ele sabe que é na *diferença* que os separa que a sua voz, o poema que está escrevendo, se situa. "Desde Deus vês-me *ao contrário*", não é uma pirueta gratuita, é a expressão efectiva da relação entre o seu poema e os do cantor de *Folhas de Erva*. Ele sabe que vive no espaço da sua exterior imitação, com admirável precisão surpreendida, tão perfeita que a si e a nós ilude com a força que basta para a achar realmente digna de Whitman. Tudo se passa, porém, como se esta exterior apropriação fosse a máscara da real inadaptação interna a uma poesia que teve como nenhuma outra o poder *de o fazer sair de si*. Ao seu contacto, a sua imutável realidade indecisa imploditria em duas metades violentamente opostas e irreconciliáveis, Caeiro e Campos. Através de Whitman exprime Pessoa a extensão e a natureza do *choque* donde surgiram Caeiro para o poder tolerar no seu horizonte e na sua verdade idealizada, e Campos para simular às claras a sua "intensidade inacessível":

Nunca posso ler os teus versos a fio... Há ali sentir demais...
Atravesso os teus versos como a uma multidão aos encontrões a mim
E cheira-me a suor, a óleos, a actividade humana e mecânica
Nos teus versos a certa altura não sei se leio ou se vivo,
Não sei se o meu lugar real é no mundo ou nos teus versos[8],
Não sei se estou aqui, de pé sobre a terra natural,

8   Itálico nosso.

Ou de cabeça para baixo, pendurado numa espécie de
    estabelecimento,
No tecto natural da tua inspiração de tropel,
No centro do tecto da tua intensidade inacessível[9].

Descrição preciosa dos elos que a Whitman o unem: visto
dele está realmente de "cabeça para baixo" e no "tecto
da sua intensidade inacessível" mas executando a mais
clownesca e dolorosa das ginásticas para imitar e alcançar a sua esplendorosa naturalidade. Sem mais ilusões do
que as necessárias para através delas ser quem é: *Campos*,
imaginário émulo do "cantor dos concretos absolutos",
beijando o seu retrato para magicamente viver nele o seu
momento real de mais funda e só assim confessada afinidade, servindo-se dele como senha para liquidar, com
esse, todos os segredos e civilizados tabus que o estran-
gulam, mas acabando por fim, quando vê "tudo já claro",
aos pés do "Grande Libertador":

> Agora que estou quase na morte e vejo tudo já claro
> Grande Libertador, volto submisso a ti[10].

Pouco auscultados na sua literalidade, os poemas iniciais
de Campos, salvo a *Ode Marítima*, vítimas do seu tropel
e do seu excesso (exterior) de walt-whitmanismo, sur-
preendem de repente pelo abismo que aos pés se abrem
e cuja natureza é sempre a mesma. A tentativa da apropriação mágica de Whitman não o salva de si mesmo

9   O. P., p. 295.
10 *Ibid.*, p. 299.

"tão contíguo à inércia, tão facilmente cheio de tédio" e menos ainda a histerização da sua vontade de se unir ao mundo, convertida entre os seus dedos em masoquista e turva passividade. A surda convicção de não poder competir com o equívoco "Libertador", o sentimento justo (e injusto) de que estes versos são só "raiva abstracta do corpo fazendo *maelstroms* na alma" acaba por triunfar do nevrótico hossana inicial:

> Sem dúvida teve um fim a minha personalidade.
> Sem dúvida porque se exprimiu, quis dizer qualquer coisa
> Mas hoje, olhando para trás, só uma ânsia me fica —
> Não ter tido a tua calma superior a ti-próprio,
> A tua libertação constelada de Noite Infinita.
> Não tive talvez missão na terra[11].

Este é, cremos, o primeiro em data, desses dilacerantes e desumanos desabafos de impotência criadora, em seguida tantas e de tão diversas maneiras repetidos. Não é um acaso, nem é sem consequências, que tenha sido exalado aos pés do "assombroso" Walt. Repare-se, de passagem, como a maneira magistral como se refere à sua atitude de "calma superior a ele-próprio" assenta como uma luva em Mestre Caeiro, pelo mesmo Campos evocado. Infelizmente, Caeiro era uma ficção que, mesmo "luminosa e alta", nunca é remédio para a ficção que se não é. Contudo, o choque com Whitman não teve apenas as consequências diversamente explosivas de contribuir para duas ficções simétricas de uma só impotência criadora.

11 *Ibid.*

O "Grande Libertador" subtraiu-o de vez às deliquescências formais de um simbolismo que não acabava de findar e virou-o com uma sofreguidão de neófito para o tumulto e a vastidão da experiência humana, para a face da quotidianidade mais premente e próxima, oferecendo, enfim, uma ocasião àquele que "viu como um danado", de decorar positivamente o espaço sem fundo da sua melancolia e do seu tédio, com as riquezas verdadeiras, ou que assim espontaneamente parecem ao comum dos homens, do chamado "mundo real". Se deste "mundo real" não filtra em Caeiro senão o esplendor opaco na sua mais sedativa e virgiliana face [ideal regressivo (ou profético?) de um século xx temeroso ou excluído das suas audácias], se Reis nem esse robinsonismo desnaturado pode suportar e convida Lídia a fazer de

> Nós mesmos o retiro
> Onde esconder-nos tímidos do insulto
> Do tumulto do mundo[12].

em Campos fará o que pode para integrar esse "insulto", mesmo se é menos para existir com ele e nele do que para por seu turno o insultar. Pela mão potente e realíssima de Whitman e não pela de Cesário Verde que a tão rude tarefa se não prestava, o esplendor multiforme e inabarcável do tumulto do mundo entrou-lhe na verdade pela porta adentro, abrindo-o à força do interior, fazendo dele o estuário de duas águas potentes, confundidas e separadas, idealmente juntas no mar do poema

---

12 *Ibid.*, p. 238.

onde assim se mostram e nós as vemos. Poeta à terceira potência na ordem da ficção que representa, e quarto na da realidade, é primeiro e único na contiguidade à visão imediata da realidade, interior e exterior, que toda a linguagem convidada e forçada a manifestar a soberana riqueza que avara e secularmente retém, sempre encerra. Poesia em luta profunda e triunfante com "a poesia" como mentida sublimação da vivência humana, assunção da "prosa" e sobretudo do "prosaísmo" como mais autêntica e intrinsecamente poéticos que essa tal "poesia", fazem de Campos a mais moderna, fecunda, criadora, e ao fim e ao cabo, a única que traz no rosto a inequívoca marca do génio das poesias de Pessoa. Assim foi percebida, com hipnotizado e equivocado júbilo por Sá-Carneiro na hora do seu nascimento e com gáudio grotesco, inconscientemente laudativo, pelo genérico subconsciente nacional que a sua irrupção iria perturbar em profundidade. O seu abalo sísmico nunca mais deixou de repercutir não só no espaço poético posterior onde é normal que assim acontecesse, mas no mais vasto espaço da consciência linguística reveladora do imaginário português em todas as suas dimensões[13]. Vivo em si mesmo e redivivo nos poemas que por seu turno o "walt-whitmanizam" aos olhos de outros, parece ser também o mais amado Pessoa, aquele em que maior número de leitores reconhece, como num espelho desmedido e familiar, a quotidiana dificuldade de existir como se sonham e todos nos sonhamos.

---

13 Mencionemos, fora da poesia em sentido estrito, as obras de Almeida Faria, Ruben A., Luiz Pacheco ou Nuno de Bragança. Mas, igualmente, linguagens críticas, como a de J. A. França, ou cinematográficas, como as de A. P. Vasconcelos e César Monteiro, ecoam a pulsão libertadora de A. de Campos.

5
ÁLVARO DE CAMPOS I
OU AS AUDÁCIAS FICTÍCIAS DE EROS

> *O pavor de uma consciência alheia*
> *Como um deus a espreitar-me!*
>
> Primeiro Fausto

> *Vil metafísica do horror da carne*
> *Medo do amor.*
>
> Primeiro Fausto

Talvez muitos dos seus leitores fervorosos não suspeitem (bastando-lhe, e já basta, o imediato e melancólico fervor que ele lhes comunica) que a adesão profunda ao universo de Campos é ao mesmo tempo participação insciente no mistério que esse mesmo Campos expõe em plena luz, para melhor se esconder dele. O ponto foi já tocado, e em primeira mão, pelo seu único biógrafo, com dedos que se estimaram grosseiros, com justificação aparente, sem notar a lucidez que os moveu.

Simplesmente, ao "mistério de Eros"[1], como com propriedade João Gaspar Simões o nomeou, convém lê-lo e entendê-lo na luz mesma que nos textos claramente o exprimem e denunciam. E, na medida do possível, sem

---

1 *Vida e Obra de Fernando Pessoa*, 2.º vol., p. 155. Designá-la-emos por *V. O.*

ceder à tentação de supor que a nossa leitura é a única interpretação indiscutível. Não há razão nenhuma (salvo a do aleatório ou nulo alcance estético dela) para que no esclarecimento de tal mistério se não recorra ao conhecimento biográfico *textualmente* controlável. Simplesmente, é raro que seja esse o caso das biografias, sempre mais ou menos lacunares. Ora a de Pessoa é, quase só, mau grado o generoso esforço do seu exegeta, uma única e contínua lacuna preenchida com as "informações" dos poemas biograficamente lidas, o que é a perfeição da biografia imaginária. Se a "fatal" biografia de Gaspar Simões, ao fim e ao cabo, e descontadas as incongruências de detalhe que lhe foram apontadas, criou uma *imagem* plausível do Poeta, em volta da qual mais ou menos todas se movem, é porque Gaspar Simões soube ler *nos poemas,* fingindo que lia na vida, o que de facto lá está e à vida se reporta, embora com uma equivocidade e uma ironia de que na sua exegese há poucos traços. O seu instinto de romancista e crítico (sem falar de motivos de outra ordem) bastou-lhe, nesse capítulo como em outros decisivos, para discernir *a falha íntima* do mundo de Pessoa. Mas nem a ele[2], nem a outros que dela se aperceberam, o seu conhecimento serviu para iluminar o processo concreto da produção poética do autor da *Ode Marítima,* com tanta evidência expressa do famoso "mistério de Eros".

Com um gesto de condescendência, temperado de ironia e graça, Pessoa desviou de si o indiscreto olhar que a coberto de um freudismo esquemático, o jovem crítico Gaspar Simões se atrevera, não sem coragem, a lan-

2   Contrariamente à opinião mais generalizada, não é a interpretação *biográfica* de J. G. Simões o que há de realmente discutível ou inaceitável na sua obra, mas os seus inumeráveis *parti pris* de ordem *literária* ou *estética* (v. nota F no fim deste volume, p. 252).

çar sobre a sua vida para se explicar melhor a obra que o intrigava. Gesto supremamente freudiano, dirá o mais inadvertido dos analistas, porventura lúcido e certeiro na recusa objectiva da imagem particular que Gaspar Simões lhe reenviava, ou do discutível método de que se servia, mas típico do temor que um hipotético desvendamento lhe causaria. Mas não estava no poder de Pessoa escapar ao império do autodesvendamento de que toda a criação (e toda a linguagem) é efectivo lugar. O seu caso o mostra com um relevo inabitual. O seu entusiasmo por Walt Whitman não é exclusivo, nem mesmo essencialmente, de ordem *literária* ou *estética,* em sentido comum, se acaso tal coisa existe. Foi um *encontro* ao nível mais secreto, a descoberta de um herói que entre todas as realidades que defronta e canta, inclui a sua de "grande pederasta roçando-se contra a diversidade das coisas". Por demais sabe Pessoa que um tal exemplo de liberdade e autolibertação lhe é inacessível e inadequado, que jamais o assumirá na sua *própria pessoa.* Mas na sua inadequação um tal exemplo fascina-o. Walt Whitman é o seu Édipo, o que pronunciou a palavra de um enigma análogo ao seu e pronunciando-a ò condena *literalmente à morte,* como Édipo à Esfinge. A esse desafio responde Pessoa, não com o desdobramento, seu reflexo habitual, mas com a sua *heteronímia,* passando da encenação para uso privado, a processo de criação estruturante subdeterminado pela urgência espiritual (na verdade de todas as ordens) de encontrar uma defesa, para essa revelação que o destruía tanto como libertava. O que importa é, pois, apreender o conteúdo objectivo desta parada que não é o de um heteronimismo indiferenciado, mas *preciso* e *inequívoco,* como preciso é o impulso mais profundo que o organiza. Esse impulso é de *ordem erótica* e suficientemente avassalador para dominar o inteiro sintagma imagístico dos poemas em que leva a cabo a sua *libertação irreal,* quer dizer, Campos. Na mole imensa do cantor da vida livre, da democracia, do trabalho, Pessoa *fixa-se* (é o exacto termo psicanalítico) num *único* ponto, delirantemente fantasmado, e à sua volta faz girar, em sentido figurado e próprio, as máquinas poéticas capitais que são a *Ode Triunfal,* a *Ode Marítima* e a *Saudação.* Esse ponto, escusado será dizê-lo, é o da passividade erótica, cujas figuras sem cessar renovadas inundam esses poemas até à insuportável obsessão. Com uma ingenuidade que espanta, repete-se que esse primeiro Álvaro de Campos é o cantor da máquina, da electricidade e outras realidades concretas, encarnações não duvidosas do momento. Mais certeiro e justo seria escrever que é o seu *descantor,* se a palavra existisse. O carácter intensamente *negativo* em relação a toda e qualquer apropriação autêntica do moderno, significado pelo triunfo técnico, é anunciado sem ambages no começo mesmo da pseudo-*Ode Triunfal:*

> À dolorosa luz das grandes lâmpadas eléctricas da fábrica
> Tenho febre e escrevo[3].

Esta "abertura" nunca mais se desmentirá, se se lê no poema o que lá está e não o que o mimetismo whitmaniano sugere que devia estar[4]. Não é indiferente que Pes-

---

3   O. P., p. 260.
4   J. do Prado Coelho constatou essa dissonância empírica da *Ode Triunfal* sem lhe atribuir importância de maior (v. *Diversidade e Unidade em F. P.*, 3.ª ed., Editorial Verbo, p. 67).

soa tenha escolhido a metáfora "máquina" para através dela plasmar a sua fingida e real exaltação. A máquina é *a exterioridade pura*, a irresponsabilidade pura junta à eficácia suprema, o acto ideal sem sujeito (ou de sujeito totalmente fora dela...) e, a esse título, adequada como nenhuma outra realidade ao "transporte" da sua irresolução imaginariamente resolvida, forma exemplar de *voar outro* sem sair do mesmo sítio. Mas bem se importa Pessoa com a máquina real como, por exemplo, podemos supor que se importava "caeiramente" com árvores e flores. A "máquina" esconde, ou está ao serviço de uma outra metaforização mais essencial, a da sua pulsão erótica, que através das múltiplas "figuras" do imaginário mecânico encontra maneira de exprimir na linguagem da "pura exterioridade" e "fantasmal irresponsabilidade" que lhe é própria, o seu delírio frio mas real:

Ó rodas, ó engrenagens, r-r-r-r-r-r eterno!
Forte espasmo retido dos maquinismos em fúria
Em fúria fora e dentro de mim,
Por todos os meus nervos dissecados fora,
Por todas as papilas fora de tudo com que eu sinto!
....
Átomos...
Ardam por estas correias de transmissão e por estes
    êmbolos e por estes volantes
Rugindo, rangendo, ciciando, estrugindo, ferreando,
Fazendo-me um excesso de carícias ao corpo numa só
    carícia à alma[5].

5   O. P., p. 260.

Com a clarividência que o distingue, o próprio Poeta entrega a chave da sua metaforização "maquinista". E, com uma precisão clínica, não menos entrega a "orientação" do seu metaforismo erótico:

> Ah, poder exprimir-se todo como um motor se exprime!
> Ser completo como uma máquina!
> Poder ir na vida triunfante como um automóvel último-
> -modelo!
> Poder ao menos penetrar-me fisicamente de tudo isto,
> Rasgar-me todo, abrir-me completamente, tornar-me
> passento
> A todos os perfumes de óleos e colares e carvões
> Desta flora estupenda, negra, artificial e insaciável!
> Fraternidade com todas as dinâmicas!
> Promíscua fúria de ser poeta-agente
> Do rodar férreo e cosmopolita
> Dos comboios estrénuos
> Da faina transportadora-de-cargas dos navios.
> Do giro lento e lúbrico dos guindastes,
> Do tumulto disciplinado das fábricas,
> E do quase-silêncio ciciante e monótono das correias de
> transmissão![6]

Cada um dos versos desta desnudada confissão, cada uma das associações, na sua sucessão e na mesma queda no "silêncio ciciante" e "monótono" do espasmo imaginário que em imaginação abandona, merecia um comentário. Se não existissem as mais candentes e aná-

6   *Ibid.*, pp. 260-261.

logas passagens da *Ode Marítima,* poderia dizer-se que haverá poucos exemplos na literatura universal de uma tão extraordinária exploração do polissemismo indefinidamente aberto que é próprio da referência sexual. Mas, naturalmente, convém não perder de vista o essencial: o carácter *passivo,* ou talvez, mais equivocamente, activo-passivo, das imagens que certos passos do poema elevarão, como na *Ode Marítima,* a um grau de autopunição dolorosamente trágico, sob o voluntário e camuflador excesso que as banha:

> Eu podia morrer triturado por um motor
> Com o sentimento de deliciosa entrega duma mulher
>   possuída.
> Atirem-me para dentro das fornalhas!
> Metam-me debaixo dos comboios!
> Espanquem-me a bordo de navios!
> Masoquismo através de maquinismos!
> Sadismo de não sei quê moderno e eu e barulho!
>
> Up-lá hó jóquei que ganhaste o Derby,
> Morder entre dentes o teu cap de duas cores!
>
> (Ser tão alto que não pudesse entrar por nenhuma porta!
> Ah, olhar é em mim uma perversão sexual!)
>
> Eh-lá, eh-lá, he-lá, catedrais!
> Deixai-me partir a cabeça de encontro às vossas esquinas,
> E ser levantado da rua cheio de sangue
> Sem ninguém saber quem eu sou!
> Ó *tramways,* funiculares, metropolitanos,

EDUARDO LOURENÇO

Roçai-vos por mim até ao espasmo!
Hilla! hilla hilla-hô![7]

Na sua relevância imediata, tais passagens são, no fundo,
menos probantes do carácter passivo da contínua espiral
da *impotência* que através dela se desenrola, que as raras
que activa e ortodoxamente visam o acto sexual:

O fábricas, ó laboratórios, ó *music-halls*, ó Luna-Parks,
....
Na minha mente turbulenta e incandescida
Possuo-vos como a uma mulher bela,
Completamente vos possuo como a uma mulher bela que
não se ama[8].

Na sua inorganicidade relativa, a *Ode Triunfal* comporta
um desenvolvimento claro, musicalmente estruturado,
de tempos fortes, histerizados pela interjeição walt-
-whitmaniana, e tempos de repouso, descritivos e enun-
ciativos, com uma abrupta *depressão* em certo momento,
entre parêntesis, marca de fábrica de um Álvaro de Campos que de repente se retira do jogo e que se repetirá nos
outros grandes poemas, *Ode Marítima* e *Tabacaria*. Não é
nosso propósito analisá-lo em detalhe, embora a descida
ao seu pântano extático valha a viagem e antecipe todas
as outras que em Campos se podem fazer. É com infalível
dedada que o nosso anti-Walt Whitman se compraz em
sublinhar e exaltar na civilização, na cidade e na socie-

7   *Ibid.*, p. 263.
8   *Ibid.*, p. 262.

dade, com uma complacência íntima, o seu lado *suspeito*, dúbio, a chaga florida, cantando-os como *valiosos* em termos que representariam (e em parte representam), sem a dolorosa referência que mascaram, a irrupção do humor a frio na poesia portuguesa sob a sua forma mais devastadora e inquietante:

> A maravilhosa beleza das corrupções políticas,
> Deliciosos escândalos financeiros e diplomáticos,
> Agressões políticas nas ruas,
> E de vez em quando o cometa dum regicídio
> Que ilumina de Prodígio e Fanfarra os céus
> Usuais e lúcidos da Civilização quotidiana!
>
> Notícias desmentidas dos jornais,
> Artigos políticos insinceramente sinceros,
> Notícias *passez à-la-caisse,* grandes crimes —
> Duas colunas deles passando para a segunda página![9]

Quase tudo o que aí se alude ou nomeia é afectado de um epíteto que o destrói (e é esse carácter de autonegação que o entusiasma por duplo da sua alma): "cafés-oásis de inutilidades ruidosas", "luzes e febris perdas de tempo nos bares, nos hotéis", "a graça feminil e falsa dos pederastas que passam lentos", "artigos inúteis que toda a gente quer comprar", "orçamentos falsificados". A electricidade mesma, a célebre "fada do século", de progressista evocação, é apenas "nervos doentes da matéria". Contudo, no meio e no centro deste banquete conscientemente

---

9   *Ibid.*, pp. 261-262.

organizado para dar passagem ao que só através dele pode manifestar-se, irrompe da exterioridade folclorizante nietzschiano-futurista, o momento *de verdade* em que como num adágio beethoveniano a voz mais íntima triunfa sobre o diálogo exterior, a exclamação e a enumeração falsamente ditirâmbicas cessam, e surge como uma consolação imprevista o anúncio da poesia mais dolorosa e lúcida da língua portuguesa:

> Ó multidões quotidianas nem alegres nem tristes das ruas,
> Rio multicolor anónimo e onde eu me posso banhar como
> quereria!
> Ah, que vidas complexas, que coisas lá pelas casas de tudo
> isto!
> Ah, saber-lhes as vidas a todos, as dificuldades de dinheiro,
> As dissensões domésticas, os deboches que não se
> suspeitam,
> Os pensamentos que cada um tem a sós consigo no seu
> quarto
> E os gestos que faz quando ninguém pode ver!
> Não saber tudo isto é ignorar tudo, ó raiva,
> Ó raiva que como uma febre e um cio e uma fome
> Me põe a magro o rosto e me agita às vezes as mãos
> Em crispações absurdas em pleno meio das turbas
> Nas ruas cheias de encontrões!
> Ah, e a gente ordinária e suja, que parece sempre a mesma,
> Que emprega palavrões como palavras usuais,
> Cujos filhos roubam às portas das mercearias
> E cujas filhas aos oito anos — e eu acho isto belo e amo-o! —
> ....
> A gentalha que anda pelos andaimes e que vai para casa

Por vielas quase irreais de estreiteza e podridão.
Maravilhosa gente humana que vive como os cães,
Que está abaixo de todos os sistemas morais,
Para quem nenhuma religião foi feita,
Nenhuma arte criada,
Nenhuma política destinada para eles!
Como eu vos amo a todos, porque sois assim,
Nem imorais de tão baixos que sois, nem bons nem maus,
Inatingíveis por todos os progressos,
Fauna maravilhosa do fundo do mar da vida![10]

Este momento de virtual assimilação aos "humilhados e ofendidos" que a sua consciência infinitamente vulnerável tantas vezes fingiu voltar do avesso, num cinismo pseudonietzschiano que leitores apressados e unilaterais não lhe perdoaram, vendo nele a marca de um reaccionarismo sem desculpa (e que nele existe, mas de outra maneira...), devolve-o para uma outra esfera, a da existência e da verdade que é só sua, mal coberta ou obrigada a descobrir-se pela exibição abstractamente frenética de uma mentira verdadeira:

(Na nora do quintal da minha casa
O burro anda à roda, anda à roda,
E o mistério do mundo é do tamanho disto.
Limpa o suor com o braço, trabalhador descontente.
A luz do sol abafa o silêncio das esferas
E havemos todos de morrer,
Ó pinheirais sombrios ao crepúsculo,

10   *Ibid.*, p. 264.

Pinheirais onde a minha infância era outra coisa
Do que eu sou hoje...)[11]

Este movimento constante e desgarrado de regresso
à infância e à inocência real ou de sonho que ela configura serviu para organizar à sua volta a *primeira* e, em
certo sentido, *definitiva* imagem de Fernando Pessoa. Foi
obra, como se sabe, mas é bom que se repita, do então
jovem, audacioso e penetrante crítico Gaspar Simões.
A sua intuição permanece intacta e merece-o, não só porque, como Freud lho havia ensinado, a infância é o lar
do enigma que uma vida inteira não chega para resolver,
como pelo facto de ser Pessoa a sua melhor ilustração.
Pouco importa que Gaspar Simões se tenha porventura
enganado — ou induzido sem provas cabais — na leitura
objectiva desse enigma e mais ainda nas singulares consequências estéticas que dela inferiu, sobretudo mais
tarde, na monumental biografia. A nostalgia da infância
é efectivamente o centro da pulsão poética de Fernando
Pessoa ou, melhor ainda, a forma mesma como concretamente preenche a intransponível distância que de si o
separa. Convém, contudo, descentrá-la da sua freudiana
universalidade, ou lê-la na específica figura que dentro
dela desenha, e que pode ser iluminada sem a mediação
arquétipa de um Baudelaire ou de qualquer outro dos poetas dessa nostalgia, por Gaspar Simões invocados. Basta
para isso, segundo cremos, mergulhar um pouco mais
fundo na espessura da sua intuição capital. Com a única
ajuda dos *poemas* e da auto-iluminação que autorizam ou

11   *Ibid.*, p. 264.

exigem. Por importante e decisiva que seja a apreensão imediata dessa nostalgia da infância e do papel que realmente lhe cabe, mais reveladora do concreto conteúdo que leva dentro é a *forma* através da qual esse impossível regresso se manifestou na sua primeira aparição na *Ode Triunfal*. Nessas evocações entre parêntesis, Campos não regressa apenas a uma infância plausível (de Pessoa) mas a uma infância *vista outra*, com "nora", "burro" e "pinheirais" inexistentes na verdadeira.

Que espécie de tradução se pode dar a este momento decisivo da sua extremada autolibertação em Campos ou que Campos *é?* Como se insere no contexto da *Ode* de que faz parte e de que é o fulcro subdeterminante? Uma só explicação parece aceitável: *qualquer coisa* o impede de se apropriar directamente do *conteúdo* dessa infância, convertida em realidade *intocável,* no sentido em que as coisas sagradas são "intocáveis". A encarnação mesma do *paraíso* da alma (e da vida) é que a infância não é um dado sem conteúdo (não existem, nós *somos* linguagem...) de que, misteriosamente, nos podemos perder. Que *realidade* lhe converteu a *verdadeira infância* nesse quintal ou jardim a que assoma com tanta precaução? Quem lhe roubou a infância em que só por estratagema penetra na *Ode Triunfal?* Ninguém, naturalmente: toda a tragédia, como os gregos souberam, é da nossa autoria. Mas os deuses nela colaboram e a isso os mesmos gregos chamaram destino, que "é mais que deuses" como Pessoa o soube e disse. Gaspar Simões relacionou, como é sabido, *a queda* ou a expulsão particular de Pessoa desse paraíso infantil donde todo o homem tomba, com a morte do pai. O acerto desta observação capital não parece susceptível de discussão. Tal acerto merece mesmo uma atenção maior, em si mesmo e pelas consequências "estéticas" que dele resultaram, do que aquele que o biógrafo lhe concede. Na verdade embora a ele se refira, recobre-o, na sua célebre explicação, pelo segundo traumatismo na vida infantil de Pessoa, aquele que designa de *traição* da mãe[12]. Não há dúvida de que os fantasmas que se podem, com razoável verosimilhança, supor gerados pelo segundo traumatismo, são múltiplos e imediatamente discerníveis. Mais difícil é apreender os contornos da primeira *ausência* ressentida e suas inevitáveis transfigurações. Difícil e arriscado, mas a consideração séria do universo poético de Pessoa — todo ele consagrado à glória da ausência como figura do mundo — naturalmente inclina a supor que é nessa original *ausência do pai* que o seu radical sentimento de inexistência do eu, do mundo, da vida, se enraíza.

Literal e poeticamente, a aventura espiritual e carnal de Fernando Pessoa resume-se toda nessa interminável busca de pai (e Deus mesmo será para ele aquele a quem a *Verdade morreu*..) cujo encontro o restituiria à *unidade* mítica pela sua ausência destruída. Só disso se espantará quem mal se conhece ou quem não se lembrar que Proust inventou um dos mais labirínticos mundos de ficção para recuperar um beijo maternal e com ele o mistério crucificante e adorado da sua relação com Eros. Uma preciosa observação em que Gaspar Simões não se demora, ilumina de singular maneira o perfil desse traumatismo: *a figura do pai não aparece nunca na sua obra.* Assim o esconde (ou dele se esconde) aquele que na realidade, segundo outra

---

12 V. nota G no fim do volume (p. 252).

observação ocasional do mesmo Gaspar Simões, guardou durante toda a vida na celebérrima mala (que são duas), "amorosamente", a correspondência dos pais e com não menos piedosa ternura, *as crónicas musicais*, cuidadosamente coleccionadas (pelo autor delas, sem dúvida) do seu jovem pai crítico de música desaparecido no silêncio duplo da ausência e do anonimato. A rasura do pai na sua obra não é, pois, ocasional esquecimento ou indiferença, mas traço da ferida nunca mais sarada para remédio da qual pouco a pouco se inventou quem seria.

Não é hipótese arbitrária relacionar com essa ausência o hábito de a preencher com redivivas sombras dela que um dia será sua segunda e cultivada natureza e receberá dele o nome de heteronímia. Na verdade é justamente na época imediata à morte do pai, que segundo confissão própria, lhe nasce *o primeiro heterónimo*, "um certo *Chevalier de Pas* dos meus seis anos, por quem escrevia cartas dele a mim mesmo e cuja figura, não inteiramente vaga, ainda conquista aquela parte da minha afeição que confina com a saudade"[13]. Passagem ultraconhecida que lembramos para insinuar diferente leitura daquela a que com parcial coerência tem servido de apoio. Pessoa situa, pois, as mais longínquas raízes do seu mítico pendor *heteronimista,* não nas paragens da maternal *traição* (sempre segundo G. Simões) mas *antes* no espaço que só a morte do pai ilumina, se tal metáfora se nos consente. O que não significa que essa suposta "traição" não tenha constituído um traumatismo novo — e, num certo sentido até, reestruturado e ampliado o choque do primeiro

13 *Antologia de Pessoa*, por Casais Monteiro, p. 197.

— mas tão só que nem essa traição, como acontecimento existencial, nem a ausência paterna, importam ou explicam alguma coisa como *factos*. Se explicam é na medida em que se tornaram originalmente a maneira como a criança Pessoa se *leu* neles e em que no fundo nunca mais deixou de ler-se. Imóvel na sua estrutura de compensação, o teatro heteronímico tem uma *história* e é a sua decifração que abre a porta não só do "mistério de Eros" particular de Pessoa, mas da concreta *heteronímia literária* onde se manifesta e oculta, como estamos tentando mostrar.

O cenário da peça merece e tem de ser reconstruído para conservarmos alguma possibilidade de sair do labirinto que Pessoa nele se construiu e construiu à crítica futura, partilhada entre a tentação de o não tomar a sério ou de o resolver como Alexandre[14]. *A ausência de pai* é, indubitavelmente, uma dor de reverberação infinita quanto toma a forma absoluta que num destino de homem pode caber: o não poder localizar de maneira alguma a sua figura, ou por desaparecida, ou por desconhecida. Não é o caso de uma criança "normalmente" amada (como foi, sem dúvida, o de Pessoa) a quem o pai morre aos cinco anos. Muito normal, e classicamente, a criança-Pessoa teve tempo de o amar e ser seu inconsciente rival. O destino não lhe concederá mais nada: a morte do pai impedi-lo-á de resolver com harmonia, ou com o mínimo dela que a imita, o normal conflito entre amor e ciúme filial. Ninguém sai da infância e sua realeza imaginária sem matar o pai de que precisa para sair dela. Pessoa não teve essa

---

14 Hipóteses ilustradas de maneira diversa mas completa pelas obras de J. G. Simões e de Mário Sacramento (v. nota H no fim do volume, p. 253).

oportunidade. Teve a mais dolorosa de assumir à força o pai desaparecido, de ser de algum modo "o pequeno pai de si mesmo" que o não deixará tocar-se na sua pura realidade de filho. A ausência do pai desfalcou-o do superego de que necessitava para afirmar o seu, e ao mesmo tempo instalou-o, por pouco tempo mas decisivo, no tempo exterior e para sempre sem idade, de uma plenitude de poderes fatalmente irreal. Pessoa, o pequeno Pessoa, não foi o "idiota da família" flaubertiano que já mereceu a Sartre quatro mil páginas de exegese, mas durante algum tempo o Sartre órfão tal como se descreve em "Les Mots", centro do mundo, seu rei e senhor. A ausência de pai teve uma dupla consequência: eliminar a possibilidade de identificação com o modelo paterno e tornar sem objecto a inconsciente rivalidade. A solução infantil do desdobramento a que alude não vem pois marcada do halo trágico característico da futura *heteronímia literária*. Protegido pelo olhar materno (e familiar) essa primeira manifestação da *irrealidade* nele (da parte de "irrealidade" que a ele adere) tem o carácter de uma *rêverie*, permite-lhe dominar o seu infantil fantasma e não espanta que o homem adulto penetrado de toda a angústia do mundo, se lembre desses momentos com nostalgia, por assim dizer, feliz.

É o processo inverso do seu famoso "outrora agora". Sem dúvida, a essa vivência estará ligada uma particularidade, mais ou menos empiricamente suspeitada ou entrevista por alguns, pequeno mistério dentro do mistério geral da heteronímia literária. Em *todos* os heterónimos (Caeiro, Reis, Campos), independentemente do grau libertador que diversamente a cada um corresponde, há, na primeira fase da sua manifestação um momento mais sereno, ou antes um momento de *aceitação* (da "tristeza, natural e justa", em Caeiro, da "placidez de todas as horas", em Reis, da convulsiva "beleza moderna totalmente desconhecida dos antigos", do mais estruturalmente "infeliz" Campos), em seguida repudiada ou agressivamente convertida no seu contrário. Se não é a esse primeiro "heteronimismo" onde já magoado pôde sarar em doçura a infantil ferida que tal fenómeno se deve, bem difícil é situar no seu espaço interior esse momento do imaginário pouco duradoiro, pouco consistente, e como dourado desde dentro pela presciência ou já inquieta pressão da sua fragilidade, como parece tê-lo sido na vida. Só ele teria ficado para sempre ao abrigo da decepção vital que em vagas sucessivas o afectará: alteração da sua relação privilegiada com a mãe, desenraizamento pátrio, aculturação acaso excessivamente bem alcançada e, de novo, transplantação a uma pátria já outra porque ele o era e onde estava destinado a uma imobilidade sem emprego certo, só nisso movente, e a um desfasamento cultural intenso e merecido pelo que ele era e os outros eram. Tudo isso compensado ou supercompensado por uma mobilidade de inteligência, espírito e alma a nenhuma outra comparável. Em suma, mais do que é necessário, na sua simples e externa realidade para explicar o desassossego visceral de que cedo se fará cronista. Contudo, parece faltar qualquer coisa de *outra ordem* e da ordem do mais inconfessado, daquela que tudo poluirá do interior ou o deixará numa espécie de siderado e sideral silêncio e de que passará ao largo na sua vida regrada, como *anónima* e a si indiferente, para explicar a torrente de lava mais tumultuosa da história do nosso inconsciente nacional e privado. E como para Kierkegaard, tão seu irmão em vida e alma, não é ofendê-lo, mas tomar a sério aquilo que é o sangue do seu espírito, os poemas, supor que essa ordem é nele, como em todos os homens, a dos *occulta* a que a velha teologia moral se refere e que a ele, já como nome, supremamente convém. Chegando aqui, quem não se lembrará da solene advertência, na sua aparentemente abstracta indiferença e velada ironia, dirigida a toda a crítica, na pessoa de Gaspar Simões, lembrando-lhe (ou implorando-lhe) que não ponha apressadas e acaso parcialíssimas mãos no mistério da sua vida que não é simples como ele tinha tendência a supô-lo, que nada o é no mundo, onde tudo é de uma forma ou outra abreviação ou reflexo de um único e na verdade inomeável mistério? Carta admirável, porventura a mais penetrante e bela que lhe saiu das mãos, mas igualmente a mais grave e de mais intenso e contido pudor, última mão poisada sobre o que de si e dos outros o defende, mas inutilmente poisada. A carta não nos diz mais do que aquilo que nos poemas tão manifesto está, como sonhos acordados em figura de gente que são. Di-lo, porém, com uma desarmada e inconsciente candura, através dos claros arabescos com que o Poeta deseja convencer o seu correspondente e incipiente analista do "pouco que sempre (lhe) interessou a sexualidade, própria ou alheia — a primeira pela pouca importância que sempre dei a mim mesmo, como ente físico e social, a segunda por um melindre (adentro da minha cabeça) de me intrometer, ainda que interpretativamente, na vida dos outros"[15].

---

15 *Cartas de Fernando Pessoa a João Gaspar Simões*, Publicações Europa-América, s. d., pp. 95-96.

É difícil assinalar com mais força o lugar onde se está, dizendo não estar. A peremptória negação (consciente) do seu *interesse pela sexualidade, própria ou alheia* deve tomar--se à letra, na sua nudez e verdade imediatas. Mas é justamente esse *desinteresse* (traduzido como qualquer coisa de *positivo* e por assim dizer, *transparente e puro*) que circunscreve *a realidade opaca* onde o Poeta diz nem se ver nem se falar, e a função capital, na sua própria opacidade, de auto-e-funda *ocultação*.

A sexualidade humana é uma linguagem que se fala sozinha. Não precisa do nosso assentimento ou denegação para ser o que é. Mas o que ela diz é uma relação global da nossa existência ao mundo (inter-humano e originalmente familiar) que o conceito de *sexual* usado fora do sistema inteiro de afectividade onde funciona, em vez de realmente iluminar deforma, traduzindo em moeda suspeita — e assim exteriormente circulando — a matriz idealmente dourada de onde se arranca. É o que o próprio Fernando Pessoa diz ou suspeita na sua genial crítica de Freud (e sobretudo do freudismo corrente) na mesma carta de 1931, com intuições simplesmente proféticas sobre o que mais tarde se chamará "a crise da psicanálise". O que ele teme ou o que ele censura na metodologia crítica inspirada no freudismo é o seu carácter *redutor,* a tradução da verdade íntima em qualquer coisa de ôntico e eticamente empobrecido, e nela, a conversão em *objecto* do que ele chama "a complexidade indefinida da alma humana". As reticências que a ela opõe, embora digam respeito ao fundo, com mais significativa e insistente reiteração se endereçam à revelação nele no espelho de um público predisposto pela sua realidade falseada e falseante, a lê-lo na sua linguagem de convenção impiedosa, e não na daquele que assim é lançado sem precauções nas suas goelas. O que reprova (e de que se defende), em termos de transparente pânico, é de ser "interpretado" e ainda por cima à sombra da mais hipócrita tutela, a "científica", *num sentido degradante e Brasileira do Chiado* que não hesita em assimilar ao "absolutamente obsceno". Situação e perspectiva que não lhe parecem próprias apenas do chiadístico público nacional de quem fala, galhofeiramente saloio e inconsequente, mas do "público" que há em quem público não é, mesmo naquelas personagens que são para ele "exemplares". Se o próprio Shakespeare não pôde escapar, no espírito de um grande poeta (afim dele mesmo, Pessoa...), como Robert Browning, a essa leitura "degradada", como poderia escapar-lhe ele? O exemplo e os termos em que no-lo comenta são já de si toda uma confissão: "A Robert Browning, não só grande poeta, mas poeta intelectual e subtil, referiram uma vez o que havia de indiscutível quanto à pederastia de Shakespeare, tão clara e constantemente afirmada nos *Sonetos*. Sabe o que Browning respondeu? 'Então ele é menos Shakespeare!' ('If so the less Shakespeare he.') Assim é o público, meu querido Gaspar Simões, ainda quando o público se chama Browning, que nem sequer era colectivo"[16].

Desse pânico de ser *visto* no espelho do fatal e eterno Chiado da exterioridade, nos deu Pessoa-poeta versões inumeráveis (afinal *toda* a sua Poesia é isso mesmo) e dos muros que à sua volta colocou para fugir a esse destino,

16 *Cartas...*, pp. 97-98.

teceu um dia um dos mais perfeitos e desconsolados poemas ortónimos:

> Cerca de grandes muros quem te sonhas.
> Depois, onde é visível o jardim
> Através do portão de grade dada,
> Põe quantas flores são as mais risonhas,
> Para que te conheçam só assim.
> Onde ninguém o vir não ponhas nada.
>
> Faze canteiros como os que outros têm,
> Onde os olhares possam entrever
> O teu jardim como lho vais mostrar,
> Mas onde és tu, e nunca o vê ninguém.
> Deixa as flores que vêm do chão crescer
> E deixa as ervas naturais medrar.
>
> Faze de ti um duplo ser guardado;
> E que ninguém, que veja e fite, possa
> Saber mais que um jardim de quem tu és —
> Um jardim ostensivo e reservado,
> Por detrás do qual a flor nativa roça
> A erva tão pobre que nem tu a vês...[17]

Aquilo que com tantas preocupações a palavra crítica se
esforça por alcançar, a poesia o *é* na sua fulgurância de
sonho. O *conselho* pleonástico que o poeta a si mesmo se
endereça sob a forma de auto-enternecimento raiado de
masoquismo triste, característico do lirismo ortónimo,

17   O. P., p. 119.

descreve os círculos do florido jardim da sua ingénita e voluntária solidão que nada cria senão esse misterioso pânico de ser "fitado" e "visto", a que no *Fausto* dera expressão de esquizofrénica desmedida. Mas não é o mundo, não é o hipotético medusante público que o fita com esses olhos que jamais o verão como ele é. É ele--mesmo que a si se não pode fitar e é para se sonhar sem encontrar aquilo que visto o destruiria que se encerra no castelo da interioridade, contente com o seu segredo, plantando-lhe em volta as flores que bastem (poemas), destinadas a salvaguardá-lo e a protegê-lo pois é segredo de impotência e não fabuloso tesouro. Na verdade a sua questão, a sua única questão, não é a de construir esses muros que ele já de sobra ergueu, mas de transportar para fora deles, *sem que os outros o vejam como ele se vê*, esse "segredo" onde agoniza. Toda a estratégia do seu imaginário se destina a construir esse espaço de liberdade exteriorizada, inverso daquele, calafetado, onde ninguém o pode atingir, mas onde *não existe*. Demais sabe Fernando Pessoa — e se o não soubesse a vida lho ensinaria — que só *o alheio olhar* confere existência, que a "sublime" e protegida existência que na mítica interioridade nos podemos dar é, como o sonho, feita das sobras da realidade. Demais igualmente se sentiu ele sempre (característica que atribuirá à nação inteira) existir no espelho alheio, e numa conhecida e transparente nota do barão de Teive chega ao ponto de escrever que não casou por não poder suportar o peso infernal desse olhar "que despreza", engano de diagnóstico, mas significativo e maldito, em sentido próprio, pois na mesma página e na mesma ordem de considerações introduz a obsessão do *suicídio*, presente no seu horizonte desde muito cedo[18]. Se o enclausuramento não foi total, à estratégia de que a heteronímia foi precária, mas eficaz solução, o terá devido. Se a sua relação com o mundo exterior tomou uma forma tão dolorosamente crispada foi só como reflexo do seu próprio olhar *culpabilizante*, horrível *Demogorgon* em que um dia o transformará num dos poemas mais reveladores do "segundo" e definitivo Álvaro de Campos:

> Na rua cheia de sol vago há casas paradas e gente que anda.
> Uma tristeza cheia de pavor esfria-me.
> Pressinto um acontecimento do lado de lá das frontarias e
> dos movimentos.
>
> Não, não, isso não!
> Tudo menos saber o que é o Mistério!
> Superfície do Universo, ó Pálpebras Descidas,
> Não vos ergais nunca!
> O olhar da Verdade Final não deve poder suportar-se!
>
> Deixai-me viver sem saber nada, e morrer sem ir saber nada!
> A razão de haver ser, a razão de haver seres, de haver tudo,
> Deve trazer uma loucura maior que os espaços
> Entre as almas e entre as estrelas.
>
> Não, não, a verdade não! Deixai-me estas casas e esta gente;
> Assim mesmo, sem mais nada, estas casas e esta gente...
> Que abafo horrível e frio me toca nos olhos fechados?
> Não os quero abrir de viver! O Verdade, esquece-te de
> mim![19]

18 *Ibid.*, p. xli da "Introdução".
19 *Ibid.*, p. 330.

A "verdade" não se esquecera dele e nunca se esqueceria. Se o tivesse feito seria outro e não o homem de quarenta anos apavorado no mais fundo da sua alma com a ideia que as "pálpebras descidas" sobre o seu segredo pudessem ainda abrir-se. Na parte que lhe era acessível esse segredo havia sido assumido e ele ousara "vir de alma nua para a rua" mas *sem o tomar à sua conta* preferindo a tudo, incluindo a saída pela loucura ou o suicídio, o jogo que sem cessar o alude, em vez da sua revelação. Na carta a Gaspar Simões a que já tanto aludimos, Pessoa aconselha que o género de buscas em que aparentemente também estamos empenhados se cerquem "de uma leve aura poética de desentendimento" por respeito "à essencial inexplicabilidade da alma humana". Tudo leva a crer que no seu caso, essa "aura de desentendimento", entendendo por ela a voluntária abdicação do convencimento de ter penetrado e surpreendido o exacto perfil da *dificuldade de ser* que no plano erótico o definiu, ao menos na medida em que está presente nos seus poemas e os subdetermina, é a que na verdade lhe convém. Não é de modo nenhum evidente que as "pálpebras descidas" cubram nele a espécie de segredo que obrigou Proust a embalá--lo na mais genial das roupagens. A pederastia proustiana é qualquer coisa de "*activo*", uma forma de assumir o mundo intra-humano real e que lhe exigiu para nela se desculpabilizar da imagem negativa e potente que a sociedade devolvia então ao que se desmascarava, o esforço de soerguer esse mesmo mundo, de o submeter à luz e à lei do seu injusto sofrimento, como a ostra que na sua doença segrega a pérola que a redime. A figura que com mais foros de verdade a sua especial assunção da sexualidade desenhou, embora com conotações evidentes com a de Proust, é de algum modo mais subtilmente labiríntica, pois sendo não menos agudo sofrimento, tem um poder de auto-ocultação superior: é essa, da *impossível indiferença sexual*, a que com tão desarmada boa-consciência Fernando Pessoa alude. Quais foram as concretas manifestações dela na sua autêntica vida de relação ninguém está habilitado a supô-las. Na vida dos poemas, que também sua é (e por quem só disse viver) essa espécie de *sexualidade branca* aparece sob três formas distintas e entre si ligadas, aquelas justamente que os três heterónimos principais encarnam e para encarnação das quais, em última análise, vieram à luz. Não é cair no que ele chamou de "franca paranóia de tipo interpretativo", ver na heteronímia — enquanto investimento psíquico — uma encenação de Eros de que não é difícil apreender o sentido por tão claro e manifesto. E naturalmente em essencial relação com ele a encenação inversa e complementar de Thanatos, a pulsão de morte que a cada qual corresponde.

Como não verificar que Caeiro é o *Sexo idealmente ausente*, expresso sob a forma mais recalcada que é possível conceber? Nem presença feminina, nem significativa masculina, no horizonte do mestre. É o arquétipo "angélico" o voto supremo do seu criador. Só assim lhe concede a "paz da Natureza *sem gente*". Só assim a sua morte é como se a não tivesse e pode regressar "a casa" pela mão da "eterna criança" que não é "o menino-jesus" onde a lusitana mãe nos conserva perpetuamente seus, mas ele-mesmo, a si mesmo idealmente se bastando. Só neste mestre chorará, pelos olhos de Álvaro de Campos que "as lágrimas da lembrança empanam"[20]. Um dia "o virgiliano" pastor solitário será posto no caminho da mulher e volver-se-á "pastor amoroso", o que antes e substancialmente não era. E por não sê-lo a história de Caeiro em "amoroso" pastor é *um fracasso total*, a que o seu "biógrafo" Reis se referirá como um simples "mal-entendido". Mas não é menos estranho o "erotismo" de Reis, que tem a particularidade de ser imediatamente legível: por pagão que seja o cenário pintado onde evolui, os seus amores com Lídia são os mais castos que imaginar se possam, platónicos-amores, embora bem ensombrados pela litania persistente de que todo o amor é auto-ilusão, como nos versos já por nós citados:

> Ninguém a outro ama, senão que ama
> O que de si há nele, ou é suposto.

Lídia é um duplo-feminino da sua alma[21], que assim parece dialogar falando só consigo e a quem "o amor" inspira a ode admirável tão conhecida:

> Não só quem nos odeia ou nos inveja
> Nos limita e oprime; quem nos ama
> Não menos nos limita.
> Que os deuses me concedam que, despido
> De afectos, tenha a fria liberdade
> Dos píncaros sem nada[22].

---

20 "Notas para recordação do meu Mestre Caeiro", in *Antologia de Pessoa*, de C. Monteiro, p. 203.
21 V. nota I no fim do volume (p. 254).
22 O. P., p. 234.

Já o sabemos de sobra: no interior e no círculo destes amores tão misoginamente circunscritos, onde um raro aceno ao "prazer" só se faz para aconselhar que o mais furtivamente se cumpra, reina imperiosa e no mármore que classicamente lhe compete a senhora Morte. A mesma que histriónica e desgrenhada que se entrelaça no Eros, imaginária e provisoriamente à solta do "primeiro" Álvaro de Campos. Já traçámos com o relevo suficiente os contornos desse Eros que consente em falar outra linguagem que a das flores e dos assexuados heróis das *Odes*. Tudo o que neles tão densamente se apaga explode "em derivação" na mais quotidiana, trivial e desarmada das suas faces imaginárias criando no seu espaço real-ideal o mais perturbante combate que Eros e Thanatos travaram na alma de um só. Combate solitário no seu tormento intransferível mas herdeiro de todos os fantasmas que ao longo de um século haviam povoado o subconsciente ocidental e, em particular, o nosso. As dimensões que assume na *Ode Triunfal* e, sobretudo, na *Ode Marítima,* só pelo fulgor do autodesvendamento e o génio poético a que teve de erguer-se para lhe percorrer os abruptos precipícios são diversas das que, lenta mas sem cessar progredindo, foram irrompendo do nosso inconsciente nacional liberto (?) da securizante prisão de fogo (sem metáfora) onde alguns séculos de catolicismo o haviam (mal) aferrolhado. Toda a nossa história literária moderna (e a outra?), asséptica de fazer vómitos, desde o fatal Garrett até ao casto Pascoaes da "Elegia de Amor" passando pelo narcisismo natural do "cego" Castilho, o sadismo imaginístico do "austero" Herculano retomado por Oliveira Martins, o hamletismo pré-Pessoa de Antero, as verdadeiras e apavoradas audácias de Eça, que, como poucas, permitiriam aos Portugueses ser por fora o que eram por dentro, necessita de ser objecto de uma desinfantilização urgente, paralela e não forçosamente distinta da que com mais constância tem sido levada a cabo no plano ideológico. É necessário "matar" esses pais da nossa pátria moderna, libertá-los e restituí-los à verdade deles para que ela, por sua vez, nos liberte. Sem "automático rebaixamento" nem "agressão", como Pessoa pediu, que "a mentira" deles não lhes pertence mas ao momento de consciência que com génio ilustraram, como a nós a possível verdade onde estamos a outro momento dela pertence e anonimamente nos toca. Nem a retrospectiva clarificação ideológica em que para nos clarificarmos está empenhada actualmente a nossa mais activa e militante sociologia literária ou artística (Joel Serrão, Costa Dias, Alberto Ferreira, Oscar Lopes, Tengarrinha, J. A. França, A. José Saraiva) a si mesma se lerá até ao fim sem descer com adequadas mãos aos limbos dessa outra "ocultação" ou "revelação" que o arabesco do nosso percurso erótico foi construindo sob os infernos ou paraísos de superfície. Quando essa descida se efectuar, com a seriedade e a penetração de que são exemplos os notáveis ensaios de António Coimbra Martins sobre "Eva e Eça" e, sobretudo, os dedicados ao mundo submerso, raiado a ouro e sangue de Gomes Leal (já tão próximo do de Pessoa, que dessa proximidade foi consciente), ver-se-á melhor que a torrente que inunda a *Ode Marítima* (que ela *é*) e nela reflui, vinha a caminho há mais de um século (para não dizer desde o nosso "sempre").

EDUARDO LOURENÇO

Com o mesmo movimento que a liberta, Pessoa a detém do interior e uma e outra coisa esculpem a hipérbole da nossa existência erótica. O mistério dessa *blocagem* no interior da fantástica libertação e, sobretudo, a forma *literária* específica dela, é o mistério mesmo de Pessoa, o da sua relação particular com o *ponto cego* que não permite outra solução que a dessa viagem sentada em volta do seu recôndito "mar tenebroso". Obstáculo agravado sem dúvida (porque ele a isso o predispunha) pelo reflexo institucionalizado em comportamento social e cultural aprendido no fim de mundo vitoriano de que foi marginalizado mas não inexistente frequentador. Nenhum traço em Pessoa de nacional-machismo mas em contrapartida o mais clássico e vitoriano dos puritanismos, com a força que bastou para lhe assegurar o controle de que se prevalece e de que ninguém tem o direito de duvidar. Não há contradição alguma entre essa espécie de *virgindade fria* da sua vida real e o transbordamento imaginário do seu erotismo (igualmente *negativo*) da *Ode Marítima,* mas natural e transpessoal acordo. No mundo social e mental arquétipo, que só obliquamente frequentou, esse duplo registo era como que uma segunda natureza. Ele podia ser objecto de um jogo social refinado, falsamente libertador dos espartilhos mais íntimos, mas não sem consequências no plano mais decisivo da sua expressão. Em recente biografia de Virginia Woolf (o que de mais parecido "em mulher" se pode imaginar com Pessoa...) o seu biógrafo e sobrinho Quentin Bell dá-nos um exemplo desse jogo, pelos anos de 1907-1908, e da sua função "histórica". A cena passa-se em casa de Vanessa Woolf, irmã de Virginia e mãe do narrador. É seu protagonista Lytton Strachey, uma das ilustres visitas da casa e mais tarde célebre historiador e ensaísta, citado algures por Pessoa: "A porta abriu-se de súbito e a longa e sinistra forma de Lytton Strachey apareceu no limiar. Estendeu o dedo para uma mancha no vestido branco de Vanessa. *Esperma?* perguntou. Como era possível dizer tal enormidade? pensei, e todos desatámos a rir. Com esta única palavra todas as barreiras da reticência e da reserva se foram abaixo. Uma torrente do fluido sagrado pareceu submergir-nos. A sexualidade insinuou-se na nossa conversação. A palavra 'pederasta' não andava longe dos nossos lábios. Discutíamos sobre a copulação com o mesmo ardor e a mesma liberdade com que tínhamos discutido a natureza do bem. É estranho pensar a que ponto, e durante quanto tempo, havíamos sido reticentes, reservados". E o biógrafo termina com o comentário que mais nos interessa: "Foi um momento importante na história dos *mores* de Bloomsbury (a casa e círculo de Virginia) e talvez dos da burguesia britânica: mas se todo o clima social de Virginia se modificou a partir desse momento — com toda a espécie de consequências — as conversas libertinas dos seus amigos e as suas não tiveram nenhum efeito radical sobre a sua conduta nem, creio, sobre a sua imaginação. Permaneceu profundamente virginal e para ela, o grande acontecimento dos anos 1907-1908 foi não o começo da conversa impudica de Bloomsbury, mas o nascimento de *Melymbrosia*".

Aparentemente, Pessoa não teve nenhum Lytton Strachey na sua vida real e o improvável substituto que a sociedade portuguesa, menos puritana no seu fundo mas não menos cerrada em relação com o que lhe interessaria manifestar, podia ter sido na sua adolescência lusíada recomeçada, já o encontraria fechado no seu mutismo inexpugnável[23]. Também para ele o importante será a obra em que indefinidamente explorará o sofrimento de outro modo indizível e o êxtase sem matéria que desse mutismo decorre. Da circularidade perfeita até à total confusão de um e outro numa espécie de quadratura do sentimento de ilusão e total irrealidade (tradução da sua simbólica virgindade como lugar rasurado de toda a referência ao Sexo) nenhum dos seus textos igualará jamais o do drama *extático* ultramaeterlinckiano de *O Marinheiro*. Mais atenuada, a mesma dialéctica desincarnada que preside à imobilidade de mar sem água de *O Marinheiro* estrutura toda a poesia ortónima como imagem mais justamente vivencial da recusa imaginária do mundo sexual em que viveu o *homem* Fernando Pessoa[24]. Desse estádio as transposições poéticas são inumeráveis (toda a ortonímia, que resiste mesmo ao *corte* da invenção literária heteronímica) mas raramente o Poeta o terá tão felizmente traduzido, como no poema *Andaime* que é, só por si, todo o *romance* da sua "sexualidade branca" sob o modo sonambúlico que lhe é inerente e a curva impotentemente fechada que vai traçando:

---

23   O seu pudor *british* devia ser conhecido dos amigos para que um deles avisasse os outros de "que não deviam dizer indecências diante dele" como se lê numa curiosa passagem das suas "páginas de Diário", 1913, em *Páginas Íntimas*, etc., p. 47.
24   V. nota J no fim do volume (p. 255).

O tempo que hei sonhado
Quantos anos foi de vida!
Ah, quanto do meu passado
Foi só a vida mentida
De um futuro imaginado!

Aqui à beira do rio
Sossego sem ter razão.
Este seu correr vazio
Figura, anónimo e frio,
A vida vivida em vão.

A 'sp'rança que pouco alcança!
Que desejo vale o ensejo?
E uma bola de criança
Sobe mais que a minha 'sp'rança
Rola mais que o meu desejo

Ondas do rio, tão leves
Que não sois ondas sequer,
Horas, dias, anos, breves
Passam — verduras ou neves
Que o mesmo sol faz morrer.

Gastei tudo que não tinha.
Sou mais velho do que sou,
A ilusão, que me mantinha,
Só no palco era rainha:
Despiu-se, e o reino acabou.

Leve som das águas lentas,
Gulosas da margem ida,
Que lembranças sonolentas
De esperanças nevoentas!
Que sonhos o sonho e a vida!

Que fiz de mim? Encontrei-me
Quando estava já perdido.
Impaciente deixei-me
Como a um louco que teime
No que lhe foi desmentido.

Som morto das águas mansas
Que correm por ter que ser,
Leva não só as lembranças,
Mas as mortas esperanças —
Mortas, porque hão-de morrer.

Sou já morto futuro.
Só um sonho me liga a mim —
O sonho atrasado e obscuro
Do que eu devera ser — muro
Do meu deserto jardim.

Ondas passadas, levai-me
Para o olvido do mar!
Ao que não serei legai-me,
Que cerquei com um andaime
A casa por fabricar.[25]

25 O. P., pp. 89-90.

PESSOA REVISITADO

Sem o espelho revelador de Álvaro de Campos jamais este e similares exemplos de recorte e clássico conteúdo de indeterminada desilusão ou melancolia, se levantaria da vala comum do "lirismo" onde sem mais formalidades o enterram aqueles para quem o "lirismo" (mesmo o de Pessoa) é só isso mesmo... É destas "águas lentas", ou dos imóveis *lagos* (outra imagem capital na ortonímia e em Reis) que os sucessivos encontros com mundos poéticos susceptíveis de o libertar do seu *mutismo,* o arrancarão para o mar em excesso resplandecente da palavra sexual libertada da *Ode Marítima.* Esses encontros não são os Lytton Strachey reais da sua vida, são-no só da fictícia a que irão dar uma dimensão desconhecida e onde encontrará, ao fim e ao cabo, o seu olhar resignado e ausente de Poeta anterior a eles, mais insuportável ainda, convertido sem remédio no mítico *Demogorgon.* Num dos seus mais desesperados poemas (se todos não são uma polifacetada estátua da Desesperação) Campos, revoltando-se contra tudo quanto inutilmente é, responsabiliza Caeiro, o mestre, por tê-lo arrancado ao mundo onde "se dormia" para uma tarefa superior às suas forças:

> Mestre, só seria como tu se tivesse sido tu,
> Que triste a grande hora alegre em que primeiro te ouvi!
> ....
> Prouvera ao Deus ignoto que eu ficasse sempre aquele
> Poeta decadente, estupidamente pretensioso,
> Que poderia ao menos vir a agradar,
> E não surgisse em mim a pavorosa ciência de ver.
> Para que me tornaste eu? Deixasses-me ser humano![26]

26 *Ibid.*, p. 332.

137

De todos os poemas que Pessoa escreveu, este "à memória do seu Mestre Caeiro", é o mais *ocultante,* e nessa auto--ocultação o mais revelador. O lugar para que aponta não pode ser Caeiro, resposta à necessidade de ser "inumano" (quer dizer, algo oposto ao que é, e pode ser) que ele mesmo já incarna, mas Walt Whitman que obrigou Pessoa a ser Caeiro e indirectamente o *inumano* Campos, devorado vivo por essa "inumanidade" de que pede que o libertem. De resto, que Caeiro é "Walt Whitman" em nenhum poema é mais explicitamente confessado, não por Pessoa, mas pela sua linguagem, *a mesma* com que Walt é saudado. O sentido do "imbróglio" é claro: como todas as outras, a ocasião milagrosa que o encontro com Walt Whitman lhe proporcionou — e ele na verdade não deixou escapar — não só deixou intacta a sua *horrível virgindade* e com ela o deserto onde floresce solitário como a Herodiade de Mallarmé, mas a aprofundou por ricochete, convertendo-a nesse gelo da existência que os mais desvairados espasmos da *Ode Marítima* em vão contornam como as águas de Tétis ao petrificado Adamastor. E é dessa petrificação pavorosa e indestrutível que surge das suas entranhas um dos mais trágicos gritos da poesia europeia do nosso século, um grito que decerto, não por acaso, é o do marinheiro inglês, Jim Bams, seu amigo, apelo ao mar (o mais maternal e antiquíssimo grito do Eros impossível pela morte), esse grito ampliado às dimensões do universo pela angústia sem fundo que deve preencher:

> Tu, marinheiro inglês, Jim Barns meu amigo, foste tu
> Que me ensinaste esse grito antiquíssimo, inglês,
> Que tão venenosamente resume

Para as almas complexas como a minha
O chamamento confuso das águas.
A voz inédita e implícita de todas as coisas do mar,
Dos naufrágios, das viagens longínquas, das travessias
  perigosas,
Esse teu grito inglês, tornado universal no meu sangue,
Sem feitio de grito, sem forma humana nem voz.
Esse grito tremendo que parece soar
De dentro duma caverna cuja abóbada é o céu
E parece narrar todas as sinistras coisas
Que podem acontecer no Longe, no Mar, pela Noite...
(Fingias sempre que era por uma escuna que chamavas,
E dizias assim, pondo uma mão de cada lado da boca,
Fazendo porta-voz das grandes mãos curtidas e escuras:
Ahò-ò-ò-ò-ò-ò-ò-ò-ò-ò-ò —y y y y...
Schooner ahò-ò-ò-ò-ò-ò — ò-ò-ò-ò-ò-ò-ò-ò —y-y-
  y-y...)
Escuto-te de aqui, agora, e desperto a qualquer coisa.
Estremece o vento. Sobe a manhã. O calor abre.
Sinto corarem-me as faces.
Meus olhos conscientes dilatam-se.
O êxtase em mim levanta-se, cresce, avança,
E com um ruído cego de arruaça acentua-se
O giro vivo do volante.

Ó clamoroso chamamento
A cujo calor, a cuja fúria fervem em mim
Numa unidade explosiva todas as minhas ânsias,
Meus próprios tédios tornados dinâmicos, todos!...
Apelo lançado ao meu sangue
Dum amor passado, não sei onde, que volve

E ainda tem força para me atrair e puxar,
Que ainda tem força para me fazer odiar esta vida
Que passo entre a impenetrabilidade física e psíquica
Da gente real com que vivo!

Ah seja como for, seja por onde for, partir!
Largar por aí fora, pelas ondas, pelo perigo, pelo mar.
Ir para Longe, ir para Fora, para a Distância Abstracta,
    Indefinidamente, pelas noites misteriosas e fundas,
Levado, como a poeira, pios ventos, pios vendavais!
Ir, ir, ir, ir de vez!

Todo o meu sangue raiva por asas!
Todo o meu corpo atira-se prà frente!
Galgo pla minha imaginação fora em torrentes!
Atropelo-me, rujo, precipito-me!...
Estoiram em espumas as minhas ânsias
E a minha carne é uma onda dando de encontro a
    rochedos!
Pensando nisto — ó raiva! pensando nisto — ó fúria!
Pensando nesta estreiteza da minha vida cheia de ânsias,
Subitamente, tremulamente, extraorbitadamente,
Com uma oscilação viciosa, vasta, violenta,
Do volante vivo da minha imaginação,
Rompe, por mim, assobiando, silvando, vertiginando,
O cio sombrio e sádico da estrídula vida marítima[27].

Este volante que agora é sangue seu e não de Walt Whitman,
como em grande parte o era o da *Ode Triunfal*, enquanto

---

27 *Ibid.*, pp. 275-276.

emblemático signo da recorrência que é, voltará exausto à prisão viva donde nunca saiu, à eterna prisão onde, desde Sade, Eros se encerra por destino imposto para celebrar a sua festa triste e monótona. A da *Ode Marítima* nem é triste, nem monótona, é a tristeza mesma, a sua e lusa tristeza iluminada nos recessos mais secretos da sua imemorial passividade, atravessada por sobressaltos de alma e gestos que tocaram para fugir a ela impérios e fins de mundo. Passividade agravada depois que a onda passou e com ela o inatingível propósito de alcançar de novo a realidade, gémea da que sufoca e não lhe deixa entrever outra saída que a da maceração, da autoflagelacão erótica mais desorbitada:

Estupores de tísicos, de neurasténicos, de linfáticos,
Sem coragem para ser gente com violência e audácia,
Com a alma como uma galinha presa por uma perna!
Ah, os piratas! os piratas!
A ânsia do ilegal unido ao feroz,
A ânsia das coisas absolutamente cruéis e abomináveis,
Que rói como um cio abstracto os nossos corpos franzinos,
Os nossos nervos femininos e delicados,
E põe grandes febres loucas nos nossos olhares vazios!

Obrigai-me a ajoelhar diante de vós!
Humilhai-me e batei-me!
Fazei de mim o vosso escravo e a vossa coisa!
E que o vosso desprezo por mim nunca me abandone,
Ó meus senhores! ó meus senhores!
Tomar sempre gloriosamente a parte submissa
Nos acontecimentos de sangue e nas sensualidades
    estiradas!

Desabai sobre mim, como grandes muros pesados,
Ó bárbaros do antigo mar!
Rasgai-me e feri-me!
De leste a oeste do meu corpo
Riscai de sangue a minha carne!

Beijai com cutelos de bordo e açoite e raiva
O meu alegre terror carnal de vos pertencer.
A minha ânsia masoquista em me dar à vossa fúria,
Em ser objecto inerte e sentiente da vossa omnívora
    crueldade,
Dominadores, senhores, imperadores, corcéis!
....
Ó tatuadores da minha imaginação corpórea!
Esfoladores amados da minha carnal submissão!
Submetei-me como quem mata um cão a pontapés!
Fazei de mim o poço para o vosso desprezo de domínio![28]

Como a pacata e ingénua Lisboa de 1915 não se sentiria
agredida por esta irrupção insensata de demónios tão
secular e fundamente agrilhoados nas suas íntimas mas-
morras... O diagnóstico de "loucura" é exactamente o que
Orpheu, onde a *Ode* se publicava, merecia, para bem situar
quem o emitia e era objecto dele. Chacoteando ou pedindo
o natural asilo para o seu autor, a cidade anónima perce-
bia à sua maneira *a verdade* insuportável que no poema
brilha, e mais a percebiam aqueles que se defendiam da
sua real loucura que os que riam do seu ausente grotesco.
Era pedir muito apreendê-lo numa luz que só lentamente

28   *Ibid.*, pp. 284-285.

foi iluminando (e com que distraído vagar...) o subconsciente nacional, luz que recebida em plenos olhos não é mais fácil de aceitar que a excessiva que se não aceitou. A *Ode Marítima* (como em geral o primeiro Campos) é o poema de uma monstruosa *culpabilização* cujo mistério, por nele justamente se esconder em explosões de sadismo e masoquismo que ultrapassam o entendimento, não podia ser percebido *de fora*. E como o poderia ser, se ao próprio autor era mais do que a ninguém interdito de o tocar noutra espécie de *exterioridade* do que essa, desvairada e heteronímica de Campos? E que mistério é esse, para que mesmo em sonho não possa sair à rua senão pegando fogo à vida ou iluminando-a de maneira a que a insuportável angústia que dele nasce possa caber nela sem destruir até ao cerne aquele onde incarnou?

6
DOIS INTERLÚDIOS
SEM MUITA FICÇÃO

Perdido
No labirinto de mim mesmo, já
Não sei qual o caminho que me leva
Dele à realidade humana e clara
Cheia de luz [...]

FAUSTO

1. *No labirinto do Eros extático*

Visto do exterior (de onde se não vê) todo o mistério ou segredo humano é sem relevância. Do interior tem a dimensão do mundo. Alguns dos mais decisivos universos literários modernos são só a hipertrofia de uma íntima *culpabilidade*, sem possibilidades de expressão exteriorizante e que em luta consigo mesma afasta os muros do imaginário até poder caber neles. Foi desse género a que metamorfoseou Gregório Samsa em horrível coleóptero sem lugar no mundo humano. É desse ou análogo a que estrutura o mundo de Faulkner, matriz de vários outros. A do poeta de *Ode Marítima* é menos inventiva que a de Kafka. As suas metamorfoses não o excluem do mundo humano. Ao contrário, foi para se inserir nele que imaginou algumas.

Mas não há dúvida de que sob as máscaras de Campos e de "Fausto" o vago e romântico "desejo absurdo de sofrer" do seu amado Cesário, se converteu em vontade de autopunição, de crucifixão, despertando nele um desejo de assimilação intensamente masoquista do exemplo de Cristo, como se só no paradigma de todos os actos redentores antevisse a forma da sua expiação:

> Fazei de mim as vossas vítimas todas!
> Como Cristo sofreu por todos os homens, quero sofrer
> Por todas as vossas vítimas às vossas mãos,
> Às vossas mãos calosas, sangrentas e de dedos decepados
> Nos assaltos bruscos de amuradas![1]

Só o apelo à integral Barbárie, só a destruição deste civilizado mundo, mesmo se o preço a pagar é o de ficar soterrado nos escombros, o libertaria de si mesmo, tornado incompatível, por misteriosa e sem dúvida injusta determinação, com o universo inteiro, na sua face humana, feita de "impenetrabilidade física e psíquica". Que lhe aconteceu realmente para que o inteiro espectáculo do mundo, da história, da sociedade, lhe apareça literalmente *sem sentido* e ele mesmo com menos sentido ainda? De que são tecidas as proliferantes máscaras *desculpabilizantes*, ou *ultraculpabilizantes* que sem cessar ajusta ao seu rosto sob elas condenado? De que se pune? Todos os grandes poemas oferecem o mesmo esquema: em todos aparece um momento em que Pessoa recusa a sua monstruosa infelicidade (assim a ressente e no-la transmite),

1   O. P., p. 285.

o momento em que a raiva impotente contra o muro da vida se quebra e surge em toda a sua nudez a estelar solitude em que o instalou *a morte da sua infância:*

Ah, o orvalho sobre a minha excitação!

....

A lua sobe no horizonte

E a minha infância feliz acorda, como uma lágrima, em mim.

O meu passado ressurge, como se esse grito marítimo

Fosse um aroma, uma voz, o eco duma canção

Que fosse chamar ao meu passado

Por aquela felicidade que nunca mais tornarei a ter.

Era na velha casa, sossegada ao pé do rio...[2]

A estrutura tão proustiana deste regresso "ao tempo perdido" não precisa, em princípio, de explicações. Não é necessário ser Pessoa para sentir essa nostalgia lancinante. Ao poeta pertence porém essa idealização fantasmática e localizada da sua experiência infantil, inacessível não apenas como para o comum dos homens pelo empírico abismo temporal que dela nos separa, mas por uma culpa específica como se fosse ele quem tivesse abandonado a infância e não o contrário como toda a gente. É sem dúvida exacto que ele se pune da traição da vida para com ele (desaparecimento do pai, afastamento da mãe) mas não parece possível estabelecer entre essas vivências, mesmo hipertrofiadas pela fundura da sua decepção, e a totalidade das formas poéticas a que deram origem, um

2   *Ibid.*, p. 286.

elo coerente. O que *o separa* da infância, o que lha converteu em reino fechado e para sempre inatingível donde etemamente se olhará como *culpado,* indigno de a ele aceder, foi gesto ou acto ou veleidade relacionada com a sua expressão erótica, gesto ou acto que não pôde integrar nunca na imagem imortal de si mesmo. O *olhar* exterior que tanto o perturba é o seu próprio olhar e nenhuma tentativa de o tornar aceitável terá o poder de neutralizar *a cisão* ontológica e ética da sua existência. Os três grandes heterónimos são os três ampliados e interpenetráveis *olhares exteriores* com que ensaiou reencontrar o olhar simples, inocente e transparente da sua perdida, e nessa perdição próxima dele como nada mais, "ilha dos mares do sul" da infância. No interior da cultura culpabilizante que é em grau supremo a cristã cultura ocidental (mas há alguma que o não seja?), é o sexo que assume desde o bíblico relato o peso da culpa. A sua tentativa reiterada (e igualmente abortada) de aportar como Hölderlin e Nietzsche a essa terra grega *isenta de culpa* (utopicamente...) onde antes dele Pascoaes, com a sua vontade de conciliar Cristo e Apolo já em parte abordara, só lhe servirá para estreitar à sua volta os laços equívocos de uma culpabilidade originária. As formas da busca, com suficiente claridade, desenham o género de culpa e navegam no seu esplendor solitário para esse porto, o único, onde se tocaria sem venda nos olhos, nem terror inexpugnável, naquilo que *é,* figura gelada e ardente do androginismo natural da infância onde o destino — ou o que faz as vezes disso — o imobilizou.

Toda a literatura ocidental se estrutura em função de dois temas, grandiosos e monótonos como o oceano: o do amor e do terror. O primeiro a si mesmo se canta ou descanta na teia sem cessar feita e desfeita do ditirambo e da elegia. O segundo, que Robert Louis Stevenson supôs, talvez a justo título, mais essencial que o primeiro na medida em que nele irrompe sem fim o pânico indestrutível do animal humano diante do universo, configura toda a expressão epopeica, nas suas formas positivas ou negativas, de Homero e Ésquilo ao romance policial e ao "western". No intervalo que separa e une cada uma dessas puras traduções do amor e do terror se espectraliza sem fim a forma híbrida do romance.

O mundo poético de Pessoa pertence naturalmente a esta última configuração que à sua maneira denominou *dramática,* designação justa se nela o sujeito tivesse ainda algum poder sobre o que possui e domina, o que não é o caso, e por isso mesmo só elegiacamente trágica nos parece. O seu canto é o do terror instalado no centro do amor, fazendo sobre-humanos esforços para não sucumbir ao seu negro sortilégio. A relação da humanidade com o seu desejo não é, nem pode ser, *natural,* porque foi e é através das formas que assumiu e assume que ela se liberta sem cessar da Natureza e se instala na sobrenaturalidade, onde não acabará jamais de se instalar. A actual aventura do Eros liberto, à sombra de um terror enfim objectivamente *exterior,* cujo fantasma remete para as trevas o subjectivo (e histórico) que assim minimiza, só mudará as formas dessa inalterável situação. Freud ajudou a compreendê-la e a assumi-la encarando pela humanidade inteira (não sem tragédia) o olhar da Esfinge que não cessou nunca de a fitar. Mas a humanidade, como também Pessoa o sublinhou, não deixou nunca de ingénua mas eficazmente se psicanalisar. A literatura inteira consigna esse processo através do qual o desejo se expande e se controla. As suas mais violentas formas são expulsas nela por sublimações a seus autores ocultas, ou assumidas, como em Breughel ou Rabelais sob o véu do fantástico e do grotesco. Contudo, nenhuma negação ou combate no seu interior se pode comparar ao que na existência histórica efectiva dos homens o tem por centro e meta.

A santidade ocidental de que Breughel e Jerónimo Bosch pintarão os fantasmas libertos, à hora em que o olhar transcendente que os encadeava desertou o Ocidente, representa a tentativa mais profunda que a humanidade operou para os vencer sem se autodestruir como nesse Oriente, donde mais tarde, de Goethe a Schopenhauer e de Schopenhauer a Antero e ao mesmo Pessoa, se esperou, em vão (e continua a esperar), o segredo dessa libertação de Pan-Eros. Quando o Eros liberto ameaçou subverter o equilíbrio medieval tão duramente obtido pela oblação dos seus espíritos mais altos (de Orígenes a Santo Antão, de São Jerónimo e Agostinho a Abelardo e São Bernardo) — e outra coisa não se esconde sob o luminoso e já angustiado sorriso renascente — só ficou o exterior mas eficaz recurso ao confessionário e ao fogo em que nós, peninsulares, nos especializámos. Nem sermões, nem academias, nem literatura *ad usum delphini* puderam deter a pressão a que desde dentro o Eros da idade burguesa submeteu a linguagem que cada vez com maior dificuldade o aprisionava. A explosão de Sade marcou os limites do libertinismo que a mascarara. Pareceu sem consequências pela loucura intrínseca do seu delírio morno e abjecto, mas infiltrou-se pelas mais imprevistas vias, de

Chateaubriand a Flaubert, de William Blake a Baudelaire. Quantas vezes "as tentações de Santo Antão" foram escritas, de Flaubert a Antonin Artaud, de Huysmans a Marcel Proust e Joyce, numa perpétua luta para fazer corpo com esse Eros temível sem ser devorado por ele? De Sade à pequena Teresa de Jesus — que sem escândalo a exegese de hoje se atreve a situar nas paragens infernais do primeiro— o inconsciente moderno, liberto (?) da pressão paterna que o escondia de si mesmo como pura vertigem, tem forçado todas as portas sem outro resultado que o de diferir ou transpor a intensa culpabilidade gerada pelo progresso (e aprofundamento) da transgressão. Fernando Pessoa teve que inserir o seu pessoal e intransferível combate nesta história em curso, identificando-se nela com todas as expressões que mais próximas ressentiu da desculpabilização impotente ou hiperbolicamente assumida. Identificação sempre translata e por isso mesmo, ao fim e ao cabo, pior que o veneno a que devia servir de remédio ou cautério. Ao insolúvel mistério de Eros, como a todos os outros de que é paradigma e não reflexo (mistério religioso ou metafísico) só pôde responder com a *Abdicação*, reencontrando mesmo para ela a sua forma mais classicamente cristã, esse *ascetismo* de que Eros se destacou na origem da Idade Moderna, embora desprezando-se melancolicamente nele: "Entre o asceta e o homem vulgar não reconheço, na esfera da dignidade da alma, uso intermédio ou médio termo. Quem usa que use, quem abdique que abdique. Use com a brutalidade do uso; abdique com a absoluteza da abdicação. Abdique sem lágrimas, sem consolações de si mesmo, senhor ao menos da força de saber abdicar. Despreze-se, sim, mas com dignidade[3]." Na ordem da epopeia impossível que é a de *Mensagem*, a sua alma "inutilmente eleita, *virgemente* parada" saberá conferir-se esse desprezo digno, e desculpá-lo ou aninhá-lo no mais vasto mar da impotência, por excesso de sonho, da alma portuguesa, submetido ao destino de querer

> O inteiro mar, ou a orla vã desfeita —
> O todo, ou o seu nada[4].

Em toda a sua Obra o reiterado tema da *Abdicação*, mesmo sob as roupagens já usadas do simbolismo, vem sempre rodeado das mais transparentes conotações da impotência erótica:

> Toma-me, ó noite eterna, nos teus braços
> E chama-me teu filho. Eu sou um rei
> Que voluntariamente abandonei
> O meu trono de sonhos e cansaços.
>
> Minha espada, pesada a braços lassos,
> Em mãos viris e calmas entreguei;
> E meu ceptro e coroa —, eu os deixei
> Na antecâmara, feitos em pedaços.
>
> Minha cota de malha, tão inútil,
> Minhas esporas, de um tinir tão fútil,
> Deixei-as pela fria escadaria.

3   *Ibid.*, p. xxxviii da "Introdução".
4   *Ibid.*, p. 12.

Despi a realeza, corpo e alma,
E regressei à noite antiga e calma
Como a paisagem ao morrer do dia[5].

A impotência que a poesia de Pessoa a todos os níveis, sob todas as máscaras, sob todos os pretextos, transpõe, metaforiza ou alegoriza sem cansaço — só disso se não cansando — não *é um dado,* e muito menos um dado *sexual* no sentido "físico" do termo, pois salvo erro fisiológico da Natureza ou acidente de consequências clínicas, não é nunca esse o caso da impotência. É, naturalmente, como Gaspar Simões o intuiu, embora extraindo da sua intuição consequências para nós inaceitáveis, um "resultado" e mesmo uma "construção" de um tormento que a tudo se prefere e cuja consequência original é de estabelecer o sujeito onde o processo tem lugar numa *ficção* indestrutível. A consciência não pode fingir que está só porque é consciência-de-mundo, e no mundo, antes de tudo, consciência-de-outrem. Na petrificação em que se estabelece se englobam pois fatalmente todas as manifestações da vida. A linguagem é minada na origem por aquilo de que ninguém a pode privar: de ser originária maneira de nos darmos o mundo e o mundo nos ser dado. Nela se exercerá a pressão suprema para que restitua o segredo de que parece ter privado aquele que a si mesmo se privou. Dela só se percebe o seu "não-dizer", o silêncio que duplica o movimento de retraimento da existência que na impotência e na irrealidade nos estabelece. Não é, nem pode ser total esse *sair* efectivo do mundo, como resposta

5   *Ibid.*, p. 67.

ao mundo que se afastou de nós. A existência converte-se num único grito para entrar na sua própria casa, paradoxal grito pois na verdade *ninguém* dela nos expulsou:

> Ah! A angústia, a raiva vil, o desespero
> De não poder confessar
> Num tom de grito, num último grito austero
> Meu coração a sangrar!
> Falo, e as palavras que digo são um som.
> Sofro, e sou eu.
> Ah! Arrancar à música o segredo do tom
> Do grito seu!

> Ah! Fúria de a dor nem ter sorte em gritar,
> De o grito não ter
> Alcance maior que o silêncio, que volta, do ar
> Na noite sem ser![6]

Nem no grito, idêntico no seu conteúdo ao que na *Ode Marítima* se havia ampliado já até englobar nele a história humana como deriva infinita e vã do Cais anterior onde tudo estava unido a tudo num impensável esplendor, Pessoa concebe a libertação senão como "música" que sem falar nos arrasta para a sua sonora e equívoca revelação. Não é crível que esse "grito" continuamente diferido e jamais realmente pronunciado, seja apenas o grito de amor recusado à criança ultra-sensível, "monstro de ternura humana", condenada a passar a vida entre uma piedade demente por si mesma e um ódio surdo

6   *Ibid.*, p. 66.

a tudo e a todos, com indefinida viagem de ida e volta entre uma e outro. A esse primeiro grau de *ficção* deve ter-se juntado, como insinuámos, um segundo, que o agravou de consciencializada *culpabilidade*, ou melhor, *culpabilização*. Quer dizer, uma culpabilidade devolvida e mediatizada pelo objectivo olhar alheio, e não apenas escondida na trama da sua decepção subjectiva. No mundo que o cerca — familiar ou social — a confissão nua da sua marginalidade erótico-sentimental — é inexequível, ou de um preço que nada o obrigava a pagar. De resto, a questão é praticamente sem sentido, salvo para si mesmo, imobilizado no mais profundo do seu ser por qualquer coisa cujos contornos precisos lhe escapam mas não ao ponto de se impor como fim supremo *a supressão*, e completa eliminação de um desejo cuja silenciosa mas temível tendência lança a sua alma em pânico[7]. Nalgum momento da sua existência se devem ter apresentado nele com a evidência bastante para o aterrar, "afectos" de uma outra ordem que aqueles que só o seu olhar, e não o do mundo, aconselha como diz num dos mais conhecidos e admiráveis poemas ortónimos "a arrancar até à raiz":

> Onde pus a esperança, as rosas
> Murcharam logo.
> Na casa, onde fui habitar,
> O jardim, que eu amei por ser
> Ali o melhor lugar,

---

7   Em *Páginas Íntimas* (p. 28) se encontra com inexcedível claridade descrito esse pânico e o conteúdo dele. V. nota L no fim do volume (p. 256).

E por quem essa casa amei —
Deserto o achei,
E, quando o tive, sem razão p'ra o ter.

Onde pus a afeição, secou
A fonte logo.
Da floresta, que fui buscar
Por essa fonte ali tecer
Seu canto de rezar —
Quando na sombra penetrei,
Só o lugar achei
Da fonte, seca, inútil de se ter.
P'ra que, pois, afeição, 'sperança,
Se perco, logo
Que as uso, a causa p'ra as usar,
Se tê-las sabe a não as ter?
Crer ou amar —
Até à raiz, do peito onde alberguei
Tais sonhos e os gozei,
O vento arranque e leve onde quiser
E eu os não possa achar![8]

Este poema que talvez, não por acaso, pertence à curta época em que segundo o seu biógrafo, uma presença feminina surge no seu horizonte, oferecendo ao seu desejo a possibilidade de se inscrever na vida e na ordem social sem reflexos "culpabilizantes", detalha com simbólica minúcia o percurso da impotência afectiva. João Gaspar Simões fazendo apelo ao caso de Baudelaire religa-o,

8   O. P., pp. 66-67.

como dissemos, à sacralização da imagem materna e consequente repulsa diante da hipótese de a profanar na pessoa feminina em quem se reconstitui. Dessa repulsa diante do acto sexual óbvio, um dos poemas ingleses, *Epithalamium* é, como o mesmo crítico o sublinha, um edificante exemplo. Nem dos pontos nos *ii* que aí estão se necessita, pois *toda* a poesia de Pessoa, na sua forma mais "inocente", como mostrámos, é *horror* do sexo. Fascinado horror que em *Epithalamium* se apresenta sem véus (e, por isso mesmo, não é a mais convincente prova dele), mas de dupla face como o mesmo Gaspar Simões igualmente o sublinhou e é impossível não sublinhar. A bem dizer só na segunda face há *fascinação* em sentido próprio, fascinação análoga à de Adriano diante do cadáver de *Antinous*. Convidado por Pessoa a não tirar conclusões apressadas, João Gaspar Simões, na monumental biografia, foi nesse capítulo de uma discrição exemplar. Com receio de ter de concluir, diante da hipótese da homossexualidade de Pessoa, que "ele seria menos Pessoa"? Ou simplesmente porque tal hipótese não lhe parece evidente de maneira nenhuma? O seu exemplo de discrição é, como já o dissemos, o único que a realidade e os textos permitem homologar. Fernando Pessoa parece ter ocupado no plano erótico esse espaço dificilmente balizado entre Baudelaire e Proust que é o de uma dupla e contrária repugnância em relação ao que a um e outro foi consentido. Não é o de imaginária indiferença ao sexo, nem pura impotência mas desesperado e duplo combate para sufocar a expressão de um Eros anómalo e de o transformar em Eros "normalizado", culpabilizando-se por sentir os impulsos do primeiro e desprezando-se por não poder nem aceitar-se neles nem traduzi-los com os reflexos do segundo. Toda a sua poesia é o doloroso labirinto desta ambiguidade procurando todas as portas para sair dela sem outro efeito do que o de encerrar-se nele cada vez mais profundamente, até tornar-se no seu próprio Minotauro.

As portas que cerrava para dentro com tão aplicada e lúcida subtileza as abria para o lado de fora (dele e nosso) com a única chave com que desde sempre Eros (anómalo, ou não) as abriu: as da poesia, que não é a nível nenhum, mesmo o mais medíocre e mimético, da ordem do "jogo" com que a si mesma se pode apresentar, mas a contínua modulação de Eros e suas vertigens, sabidas ou não sabidas, navegando entre a alegria desmedida do impulso vital que nele se expande e o fantasma que desde dentro o ensombra. O seu itinerário processou-se desde o momento em que, a coberto de alheias vozes (e cedo foi, se se tem em conta, como se deve, a incipiente poesia inglesa de Alexandre Search), descobriu maneira de articular a música interior da então normal, mas já funda e irremível oscilação psíquica, até ao momento imortal em que lhe deu espectacular e trágica expressão na heteronímia.

Aparentemente, esse itinerário, no que diz respeito ao secreto impulso que o orienta, não precisa de outro género de clarificação do que aquela que na sequência de Gaspar Simões, ressalta do reexame do "enigma de Eros". Na verdade e, concretamente, o acesso ao seu específico labirinto *poético* (e à matéria imagística e verbal de que é feito) obriga a dilucidar um outro enigma que, conexo com o primeiro, ilumina de singular luz a aventura criadora do autor da *Tabacaria*. A estratégia a que a forma particular do obstáculo interior que queria, contraditória mas bem naturalmente, conservar e ultrapassar, o obrigou no plano do teatro psíquico de que a arquitectura e o conteúdo dos heterónimos são a viva encarnação, encontra-se no plano da sua concretização *efectiva* estritamente conexa com a sua atitude em relação *à poesia* dos outros, em particular dos grandes. Tudo se passa como se Fernando Pessoa não tivesse podido nunca — até ao momento em que o seu processo(s) se fixa em formas inalteráveis — configurar a sua pessoal criação sem a mediação de *outros* universos poéticos. Atitude comum, dir-se-á. Mas não nas formas e na forma extraordinária que tomou no autor dos *Sonnets,* de *O Marinheiro,* da *Ode Marítima* e do *Fausto.* Digno de Shakespeare, o seu comportamento oscila entre o de Hamlet, servindo-se da peça alheia para produzir a seus olhos e aos dos outros "a verdade" que não ousa assumir ainda, e o de Otelo, destruindo-se naquilo que ama para estar à sua altura, ao unir-se pela morte à brancura imortal de Desdémona que a ele lhe faltava. A sua aventura tem uma referência mais antiga ainda e ele mesmo infalivelmente a encontrou e glosou: a de Eróstrato, herói absoluto da impotência.

2. De Pessoa como Eróstato

> No entanto, é admissível pensar que existe uma
> forma de grandeza em Heróstrato — uma gran-
> deza que ele não partilha com individualidades
> de menor craveira que irromperam na fama.
>
> PESSOA (EM INGL ÊS)

> O trabalho honesto e superior...
> O trabalho à Virgílio, à Milton...
> Mas é tão difícil ser honesto ou superior!
> É tão pouco provável ser Milton ou ser Virgílio...
>
> A. DE CAMPOS

> Sê plural como o universo!
>
> PESSOA

Das duas atitudes que tomou em relação à poesia alheia —
atitudes não meramente teóricas mas integrantes e inte-
gradas no seu processo criador — a que mais surpreende e
conta é a que simbolizámos por Otelo e podíamos descrever como *imaginação ciumenta*. É preciso, contudo, acrescentar: esse Otelo é o seu próprio Iago, conciliando numa
só duas formas de imaginação rivalizante, diversamente
orientadas e complementares. Não cria quem não imita,
escreveu muito aristotelicamente o filósofo Alain. A esta
lei se submeteu, como é natural, o jovem poeta Fernando
Pessoa. A rivalidade que supõe o colocar os próprios passos onde outros os puseram antes não suscita comentários.
De capital interesse é apenas saber com o máximo de claridade em que passos os jovens poetas metem fatalmente

os seus, pois ninguém escolhe sem ser escolhido. Esse estudo já foi efectuado em boa parte por Maria da Encarnação Monteiro e George Lind, mas merece ser estendido de modo a tornar-se ainda mais eficaz. Para o nosso propósito bastam indícios já suficientemente conhecidos. Eles dizem respeito, como é sabido, à atitude de Pessoa — então na casa dos vinte e poucos anos — em relação a Shakespeare e a Camões, quer dizer, aos poetas míticos das duas pátrias culturais. A níveis e com resultados diferentes, a sua atitude é de *competição*, sob o signo da rivalidade, embora, como sempre nele, mais manifesta nas consequências que claramente assumida. E este carácter, de algum modo *involuntário*, não é o que menos interesse tem.

Que Shakespeare fosse alimento essencial de um poeta de vinte anos, educado (e bem, ao que parece)[9] em inglês, é compreensível. Que da frequentação lhe tivesse vindo a ideia de "o imitar", com tudo o que isso supõe tratando-se de Shakespeare, compreensível é, embora ousado. O que ele ousou, porém, foi outra coisa: "Quando morava na Rua da Glória (escreve ele a Cortes-Rodrigues), achou nos *Sonetos* de Shakespeare uma complexidade que quis reproduzir numa adaptação moderna sem perda de originalidade e imposição de individualidades aos sonetos. Passados tempos realizou-os.[10]" Confissão interessante pelo que revela e mais ainda pelo que cala. Convém ter presente que a atitude aqui descrita se refere a *1908,* quer dizer, seis anos antes da plena maturação do comportamento heteronímico com consequências literárias conhecidas. Pois

---

9 V. nota K no fim do volume (p. 255).
10 *Cartas de F. P. a C. Rodrigues*, ed. por Joel Serrão, 2.ª ed., Inquérito, p. 129.

bem, a atitude consignada nessas linhas de 1915 é *exactamente* a mesma — e expressa quase em termos idênticos — que encontramos na carta a Casais Monteiro, vinte anos depois, para contar o nascimento do mais voluntário (e natural...) dos heterónimos, Ricardo Reis. O que aí confessa numa primeira declaração aguda e ingénua (mas sem dúvida já influenciada pela experiência da explosão heteronímica entretanto acontecida) é um género de *emulação* que não teme sublinhar a sua fantástica pretensão: fazer "Shakespeare" em melhor (com complexidade moderna) e sem perda de *individualidade* nem *originalidade*. Quer dizer, não é o jovem Pessoa que se adapta a Shakespeare, é Shakespeare que se adapta a Pessoa. É o que mais tarde com Álvaro de Campos e em plena claridade (embora sob fundo opaco), Caeiro fará a Walt Whitman. Na realidade, os 35 *Sonnets* não estão longe de ser o que ele diz serem e a "fantástica pretensão" possui verosimilhança. Remetem para Shakespeare mas não são Shakespeare: são o resultado de uma emulação literária, aparentemente normal e como tal apresentada pelo seu autor. Mas o que Pessoa não assinalou ao seu correspondente é que o Shakespeare dos *Sonnets* é o Shakespeare-maldito (na óptica puritana da época), esse Shakespeare cujo nome e exemplo lhe virão à boca no momento de prevenir Gaspar Simões contra a tentação de concluir erradamente a seu respeito. E esse *esquecimento*, sublinhado pelo tom como Pessoa se refere à sua tentativa (mero intuito de virtuosismo), é significativo.

De todo o Shakespeare e de toda a literatura inglesa ter escolhido os *Sonnets* não pode ser um acaso mas o resultado de uma "escolha" onde se inscreve o reflexo doravante clássico na sua criação: *identificação* e *repú-*

dio. Repúdio criador, claro, capaz de neutralizar o que na identificação é culpabilizante, elevando o todo a um grau "superior". É o mesmo esquema já nosso conhecido no teatro erótico. O papel dos *35 Sonnets* nesse teatro não oferece dúvidas. Eles significam adentro da produção *inglesa* marcada no canto, pelo próprio Pessoa, com o selo em excesso puritano da *obscenidade,* o momento de *idealização* e ocultação, ou semiocultação, do sexo. Os *35 Sonnets, Antinous* e *Epithalamium* correspondem, com leves alterações provocadas pelo heteronimismo, aos três momentos representados por Caeiro, Reis e Campos. Mas aqui o que nos interessa é apenas chamar a atenção para o processo criador dos *35 Sonnets* processo de identificação-negação-superação, cuja estrutura denuncia uma atitude de ciúme transposta em termos de competição normal por uma consciência que não tem interesse, como a de Otelo, em ver claro nas suas motivações.

Se a emulação shakespeareana, mau grado o curioso aspecto de que se reveste, apresenta a coerência cultural e subconsciente que apontámos, mais difícil é assimilar ao mesmo movimento de uma imaginação ciumenta o gesto do Pessoa de 24 anos anunciando-se, sem poucas reticências como um Supra-Camões. Não que o seu desenraizamento linguístico tenha a fundura que Gaspar Simões lhe atribui, agravando assim uma pretensão que o seu biógrafo interpretou da maneira mais negativa como pura megalomania. Se há desenraizamento é cultural, então em vias de superação, embora colorido por uma febrilidade ciosa de quem de algum modo recupera o que é seu e o acaso lhe roubou. O anúncio do Supra-Camões inclui-se nesse processo de recuperação dos seus "bens" ideais que igualmente não pode integrar em si sem os "negar" para melhor. Mas o Camões que visa ser "em melhor" não é, como no caso de Shakespeare, qualquer aspecto da *poesia camoniana* em relação ao qual ele deseje reagir como no caso dos *Sonnets*. Pessoa nunca se serviu da *poesia camoniana* como poesia intercessora da sua[11]. O "Camões" de que anuncia a próxima superação é apenas o símbolo de que necessitava para a si mesmo se oferecer uma "pátria poética" e com ela um "amor pátrio" correspondente à frustração de quem não tinha ainda, vistos de fora, nem uma nem outro. "Camões" confiscava na mitologia cultural e espiritual da sua pátria recuperada, a totalidade da plenitude poética e patriótica. Para habitar uma e outra com a força que corresponde ao seu amor ferido, terá naturalmente de se alçar ao nível de um Super-Camões.

O jovem Pessoa é consciente da *desmedida* dos seus projectos que ainda sem princípio de cumprimento a olhos estranhos (família e amigos) o lançam no vertiginoso sofrimento de todas as adolescências que no segredo do coração se prometem conquistar o mundo. Ele não pode suportar (e quem o pode?) a ideia que lhe é devolvida de fora e, como sempre, com fundadas razões, de que esse "sofrimento", que certos dias não passa longe do delírio esquizofrénico, é a sua pretensão de se mostrar como o escreve no seu "Diário" em inglês em 1907, *"uma pessoa extraordinária"*. Com a precoce lucidez que o caracteriza (tem então 19 anos) saberá justificar a verdade do que não

---

11 A sua admiração por Camões foi das mais limitadas. Só o épico encontrou graça a seus olhos, mas menos graça poética que "ideológica".

pode negar: "Nada fazem para analisar o desejo que leva uma pessoa *a querer ser extraordinária*. Não podem compreender que entre ser-se e desejar-se ser extraordinário não há senão a diferença da consciência que é acrescentada ao facto de se querer ser extraordinário". Há naturalmente uma outra diferença, e pouca gente como ele será crucificada pela percepção dessa outra diferença, mas na altura em que escreve, "a vontade de ser extraordinário"[12] parece-lhe suficiente prova de que o desejo e a realidade se identificam. É que sob ela transparece já uma consciência aguda de dons efectivos fora do comum, dons de poeta há muito exercidos como eco à sua paixão e conhecimento da poesia inglesa clássica ou classicamente romântica, e dons de dialecta que em breve poria à prova no novo espaço cultural onde vinha e queria inserir-se. De certo modo, e debaixo da natural perplexidade da alma adolescente, sempre a meio caminho entre a vontade de dominar o mundo e o terror de ser devorada por ele, Pessoa nunca conhecerá uma maior confiança em si mesmo que nesse momento em que do exterior lha contestam. Só ela explica a estranha estratégia do seu processo criador, simultaneamente eivado dessa consciência hipertrofiada dos seus dons e de uma secreta dúvida acerca da capacidade de lhes conferir o relevo que ela exige e é, naturalmente, o máximo. Daí que todas as manifestações poéticas já inscritas no "céu literário" lhe apareçam como um desafio e determinem nele um irresistível reflexo de rivalidade.

As ambições e projectos de um jovem poeta, por mais dons reflexivos que sejam os seus, não são nunca

12 *Vida e Obra de Fernando Pessoa*, por G. Simões, p. 87 do 1.º vol., ed.1950.

de natureza "crítica". A profecia de um Super-Camões se nada tem a ver com a "poesia camoniana" tem muito que ver com a poesia portuguesa que ele encontra então reinando na paisagem lusíada onde desembarca e que vai olhar um pouco, como um marciano, supostamente de grau mais elevado que o nosso, o poderia fazer. Ao simbolismo reinante, o jovem Pessoa que não hesitava em medir-se com o próprio Shakespeare e vinha, como Gaspar Simões o notou com pertinência, da pátria onde ele é uma segunda natureza, acrescentará *a consciência disso...* É todo o sentido dos insólitos artigos de *A Águia* com que faz a sua entrada no santuário poético-ideológico da época, minando-o do interior. Mas o que não se notou, ou mal se religou à sua geral atitude criadora, foi o facto de que nesse plano de aparência "crítica" o jovem Pessoa procede como sempre procederá: devorando o que ama, elogiando ditirambicamente o que já está negando. Sem perfídia literata cumprirá assim um destino que é *o seu* destino de criador: pôr à prova a sua existência, irreconciliavelmente bloqueada na sua relação com o mundo exterior, nesse campo ideal da existência humana que é a poesia, erguer-se a esse espaço sem contradição nem morte, *o da verdadeira vida,* que outros antes dele construíram. Nesse espaço sente-se com capacidade de respirar e de viver a "não-vida" da sua hamletiana indecisão vital ou, pelo menos, assim o pensou enquanto não descobrirá também nesse plano — e então com um trágico definitivo — análogo e agravado sentimento de impotência. De resto, que outro reflexo se esconde, senão esse mesmo, na tentativa sem cessar repetida de *superar* os mundos poéticos que não pode dispensar como via de acesso à sua verdade mais profunda?

Como todos os comportamentos essenciais de Pessoa e sem que isso desminta o seu conhecido "não evoluo, viajo", este *tem uma história*. A sua atitude em relação a Shakespeare, ao simbolismo, a Whitman ou a Goethe, idêntica no fundo, traduz-se por resultados diferentes, não porque ele seja outro mas porque cada um desses encontros lhe põe uma questão nova e lhe exige uma resposta de complexidade e dificuldade crescentes. Exagerou-se muito o *escândalo* que teria constituído essa profecia do Supra-Camões, salvo num plano da mera anedota literária sem nenhuma relevância. Super-Camões é só supra-simbolismo e a pretensão profética de o superar estava mais do que nenhuma outra ao alcance do seu anunciador. A aparente megalomania que respiram os artigos da *Águia* só pelo carácter "dedutivo" e pela incontestável superioridade dialéctica de que dão provas difere do messianismo intrínseco da ideologia poética, ou da ideologia "tout court", dos mais significativos colaboradores da revista. Quando se lê com atenção a célebre revista toma-se claro que o jovem crítico mais não faz do que traduzir "em Pessoa" o messianismo patriótico, o nietzschianismo confesso[13] , embora lusitanamente adaptado, assim como a convicção profunda do grupo de constituir uma elite desejosa de superar o mito cultural do nosso Renascimento. A pretensão de Pascoaes e a sua aliás fundura de vistas não é (e não será em seguida) de natureza muito diversa da do jovem crítico. O que este supõe

13   V. nota M no fim do volume (p. 257).

possuir é de algum modo um ponto de vista superior a partir do qual a visão transcendentalista, típica, em particular, do autor de *Sempre,* se aprofunda e perde o seu carácter de subjectivismo poético. O autor dos artigos de *A Águia* só pode achar que esse simbolismo é ainda ingénuo, como expressão imediata do sentimento evanescente ou misterioso da realidade. Pascoaes e os seus imitadores são poetas sensíveis ao mistério das coisas mas eles mesmos não aparecem como afectados pela consciência radical desse mistério. Neles a poesia é, como tal, um canto de uma boa consciência absoluta: são vates, magos, como Victor Hugo o fora... Não são esses os modelos daquele que era, em segredo e há muito, não só um leitor extremamente exigente de poesia, como um poeta que ocasionais amigos iriam descobrir ainda um ano depois com espanto. Acima de tudo admira Shakespeare e Milton, a um pela multiplicidade como que impessoal das suas visões, a outro pelos seus dons de grande construtor de uma visão ampla e metafísica do universo. Mas não menos os admira por serem um, a liberdade da fantasia reconquistada a uma longa noite de consciência sufocada pelo fantasma cristão do pecado e outro, o inconsciente e subversivo cantor de uma revolta angélica abortada mas por esse mesmo fracasso fascinante. Ora nada há tão imperioso no mais recôndito desvão do seu espírito do que subtrair-se a esse *cristismo* que deixou na alma ocidental a ideia insuportável entre todas, de pecado, segundo ele, sua essência.

Romantismo e simbolismo, que mais tarde serão retomados e por assim dizer quintessenciados em Álvaro de Campos e na "Mensagem" — se pode falar-se num "mais

tarde" que não esteja já todo incluído no período 1913-
-1917 — aparecem-lhe então embebidos nessa espécie
de "transcendentalismo" excessivamente subjectivo que
ele conhece por a fundo o ter meditado através da obra de
Carlyle, o único autor de relevo, em prosa, que cita como
sua leitura importante nos anos de 1904-1905. Com cer-
teira visão caracteriza-o como a atitude que *encontra em
tudo um além*. Mas encontrar "em tudo um além" como
Pascoaes e seus discípulos, em especial Mário Beirão, *é
encontrar uma falta em tudo*, a começar por esse impulso,
essa efusão anímica com que o poeta se inscreve nas coisas que lhe não bastam. É necessário ver no próprio "eu"
uma *ausência*, o lugar mesmo onde o impulso em direcção
do mundo se suspende. Ora é nessa suspensão, ou nessa
incapacidade de se apreender como um *eu*, que naufraga a confiança ontológica de que romantismo e simbolismo correntes são ainda expressões. Se o verbo poético
se enuncia é como consciência original dessa *ausência,*
como verbo de alguém que *não é poeta:*

> Emissário de um rei desconhecido
> Cumpro informes instruções de além
> E as súbitas palavras que a meus lábios vêm
> Soam-me a um outro e anómalo sentido.[14]

É no interior desta *suspeita* que corrói na raiz a vocação (e invocação) poética que deve prosseguir o combate
ambíguo para a reduzir descobrindo "o rei desconhecido"
capaz de converter o sentido anómalo em sentido pleno.

14 O. P., p. 56.

Mais ainda, tal suspeita deve ser abolida, com a condição de alcançar no puro plano da imanência aquele ponto que não permite que ela nasça: sabedoria oculta, ou Alberto Caeiro. Tal seria o duplo e não resolvido combate de Fernando Pessoa que através de cada uma dessas "ficções" responderá em dois sentidos opostos ao simbolismo triunfante dos anos 12. Na altura em que escreve os hoje célebres e então, surpreendentes, artigos de *A Águia*, não está ainda de posse de nenhum desses caminhos, mas não é de modo algum o jovem delirante, vítima ingénua da sua propensão raciocinante que Gaspar Simões nos apresenta ao propor-nos, como em geral de toda a prosa de Pessoa, uma interpretação irrisória[15]. Esse jovem está possuído de um orgulho intelectual *raro* no sentido próprio do termo e o Supra-Camões que anuncia não é tanto profético em relação ao seu futuro como extrapolação das possibilidades que já havia experimentado. Podemos englobá-las num processo delirante, mas nesse caso devemos estendê-lo à obra inteira. Isolados do seu contexto, os artigos de *A Águia* aparecem como megalomania pura [ou apareceriam se a sua própria *superioridade* em relação ao que então se escrevia em Portugal (então e depois...) não fosse ofuscante]. Mas hoje não é possível lê-los assim. Não por Pessoa ter sido em seguida quem é, mas porque tais artigos marcam *a irrupção de uma outra cultura, de todo um sistema de referências, leituras, juízos, atitude crítica* no tecido da cultura portuguesa.

É um "estrangeiro", caído do céu (ou do inferno) da cultura anglo-saxónica o Pessoa que em 1912 aparece tão

---

15 V. nota N no fim do volume (p. 258).

espectacularmente em *A Águia*. E como podia ser "lido" se nem em 1950 o seu biógrafo o lerá como ele exige ser lido? O ensaísta de 24 anos é o mesmo que com uma desenvoltura de tímido já havia ousado, aos 16 anos, implicar-se pessoal e fundamente no julgamento de Macaulay em breve ensaio publicado por Maria da Encarnação Monteiro, aquele que lhe valeu o prémio escolar da Universidade do Cabo. Não é apenas — embora o seja — um mero exercício escolar ingénuo, mas já a primeira amostra não só dos seus dons, como de convicções inalteráveis, em particular, a de associar "loucura e génio". Esse rapazinho atreve-se a recusar o génio de Macaulay *por causa do seu estilo coerente e da sua lucidez:* visivelmente, como o nota um recente biógrafo[16] da sua formação escolar, opõe-no a Carlyle e à sua fulgurância. Era um lugar-comum da cultura da época essa associação do génio e da loucura, mas o interessante é ver como o jovem Pessoa lhe atribui um interesse capital e faz dele um critério estilístico. O mesmo biógrafo conta que no mesmo ano em que regressou a Portugal escreve para Londres, a um amigo, na qualidade de médico psiquiatra de si mesmo para inquirir dele acerca da sua própria sanidade mental. É possível que este episódio com o jovem Geerdts tenha ainda outras ressonâncias, mas uma coisa é certa: desde a sua adolescência, o sentimento profundo da sua "estranheza" é para ele uma evidência, e nele vê a marca distinta da genialidade. Os seus sucessos escolares num meio à primeira vista desfavorável,

16   V. ALFA — revista da Fac. de Letras de Manlia, Brasil: *Fernando Pessoa na África do Sul*, de Alexandrino E. Severino, 1969.

a boa formação clássica que recebeu, a cuidada leitura da poesia inglesa mais representativa, a sua precoce vontade de a imitar e a consciência de o alcançar, cedo o estabeleceram nessa convicção. Não era a sua *queda* num meio afrancesado e já pouco humanista, como era o dos jovens que iria encontrar nos bancos da Faculdade de Letras, que poderia atenuá-lo. A sua interrupção dos estudos é possivelmente um reflexo de desdém por uma instituição que bem pouco teria para lhe ensinar e, no essencial da sua vocação, nada.

Nos seus escritos autobiográficos, duas notas paralelas e intimamente conexas aparecem: sentimento psicológico de diferença com correlativa vocação de infelicidade e afirmação intermitente mas reiterada da sua capacidade artística ou intelectual. Quase no fim da vida, por ocasião do escândalo extraordinário causado pelo seu artigo em *Defesa da Maçonaria,* Tomás Ribeiro Colaço referir-se-á "aos seus costumados pregões de competência própria"[17]. Respondendo-lhe com ironia cansada e triste, Pessoa acusou o toque. Que absurdo e pungente não lhe teria parecido a lição do petulante e arguto director do "Fradique" para quem tinha duas arcas cheias de mundos que não saíam à luz por desesperação infinita de tudo e de si mesmo? Numa óptica diferente, o tique denunciado por T. R. Colaço corresponde a uma das constantes mais profundas (e mais justificadas, "cela va de soi"...) de Fernando Pessoa, mas teve certamente o seu ponto culminante entre esses anos 12 do seu encontro--desencontro com o simbolismo e a genérica cultura por-

---

17 In *Hyram*, col. Tendências, ed. de Petrus, s. d., p. 155.

tuguesa, e os anos a seguir a *Orpheu*. O clímax é atingido em seu irónico excesso (mas vendo bem, há realmente ironia em Pessoa?) pelo *Ultimatum* de Álvaro de Campos, massacre-resumo de todos os inimigos-amigos que ele próprio atravessara para se afirmar assim, esquizofrenicamente, à face do mundo, como *o Único*. Para se espantar de tanta ambição, os beneméritos prefaciadores de *Páginas Íntimas e de Auto-Interpretação* enumeram o sem-número de projectos de toda a ordem que eles mesmos ajudaram a desenterrar da arca de destroços filosóficos, religiosos, sociais, políticos, sem falar, naturalmente, nos literários propriamente ditos. Há razão para espanto à vista das ruínas e mesmo para relacionar estas ruínas com a mole imensa dos projectos. Mas o caos exterior e bem visível é regenerado pelo constância de um propósito que nem por isso é menos ambicioso que a multidão dos que o dispersam. Na luz desses escritos não há muito revelados, mas que é a mesma que estrutura e ilumina os poemas, apercebe-se com uma clareza meridiana a essência do *erostratismo* de Fernando Pessoa, inscrito directamente, como não podia deixar de ser, mas com expressão própria, na tragédia histórico-espiritual que culmina em Nietzsche. Trata-se de levar a cabo não só o processo de Civilização Cristã — sob todas as formas, em particular, a católica — restaurando o paganismo, mas de instaurar uma *sensibilidade não-cristã*, inventar uma alma e provavelmente o corpo que ela merece (e vice-versa), pagãos, num mundo que perdeu há muito o sentido do paganismo e onde aqueles que dele se reclamam (os Walter Pater ou os Oscar Wilde) só através do Cristianismo e *em oposição* a ele são capazes de o imaginar. Ora o paganismo é esse momento *absolutamente não-cristão* cujo esplendor positivo, cuja alma ainda não *doente* pela crítica da existência terrestre de essência cristã (e que basta para definir o cristianismo como a doença da alma humana)[18] é necessário reencontrar. E ninguém a reencontrará sem *ser* em figura de gente o que Alberto Caeiro é *em ficção,* mas ficção consoladora, redentora (se a palavra pode existir sem ressonância cristã), alto luminoso e inacessível píncaro da alma moderna.

Há um heterónimo que merece, como os seus pares, aceder ao firmamento mitológico de Pessoa pois nenhum teorizou com maior penetração o que não foi no seu criador simples passatempo, mas a única e ardente preocupação solar de revestir a túnica imaculada da alma "naturalmente pagã": António Mora. Através dele, Fernando Pessoa tem o direito de se inserir com originalidade plena na coorte dos revolucionários da cultura, de Schopenhauer a Nietzsche e de Nietzsche a Heidegger e Marcuse. O seu *erostratismo,* de que foi consciente até ao limite da loucura efectiva que representa (mas maior do que ela é o *desespero objectivo* produzido por um mundo que não responde a nenhum "encantamento"), é exemplificado pela série de templos que incendeia na sua passagem depois de lhe absorver a luz (Shakespeare, Virgílio, Horácio, Wordsworth, Maeterlinck, Pascoaes, Nietzsche, Goethe). Um tal fenómeno não é da ordem da *competição estética,* do pastiche genial transfigurado por simples necessidade de experimentar o seu génio *poético,* mas revela a essência mesma da sua desmedida aven-

---

18   Para Nietzsche e Pessoa, naturalmente... (nota de 1980).

tura cultural: *destruir,* concretamente, o cristianismo, de que está embebido até aos ossos. Por isso mesmo é *trágica,* e campo aberto das mais fundas *contradições,* essa aventura exemplar e já quase impossível depois daquela a que Nietzsche ofereceu a sua razão em holocausto. Só isto bastaria para mostrar — se os poemas o não gritassem — até que ponto os epítetos de "simulador", "mistificador" e similares que lhe foram tão generosamente aplicados por quem não passará jamais em tais paragens calcinadas, é sem relação séria com tal aventura.

O seu caminho, como o de Nietzsche, está atapetado da mesma paixão-destruição que conduziu este último de Schopenhauer a Wagner e de Wagner ao seu parricídio, para não falar da ambígua relação de um e outro com esse Cristo que os não deixa em paz e a que se assimilarão, um, como Crucificado-Diónisos, e outro, como "Cristo Negro". Como em Nietzsche, a sua titânica ambição foi a de trocar os sinais aos valores que servem de referência ao mundo moderno. Mas ao contrário de Nietzsche, não encontrou razões últimas para *preferir uma coisa a outra* e em vez do seu "sim" sem reticências à vida na sua plenitude ausente de finalidade humana, Pessoa mais não pôde que aspirar a esse mesmo "sim" como forma de redenção do seu sentimento irredutível de *inexistência própria* e de *universal inconsistência* dessa mesma vida. Quando de si mesmo se ausentou, Nietzsche estava completo. De Pessoa ficaram os *disjecta membra,* reflectindo com fulgor extremo as plurais verdades de uma verdade inacessível ou a mentira múltipla de uma universal mentira, quer dizer, de uma verdade que não é feita para nós nem nós para ela.

Na grande empresa de se inventar, não uma alma antiga, mas uma *alma natural*, Pessoa tinha de encontrar, como também Nietzsche o fizera, a sombra prodigiosa de Goethe. O seu encontro marcou *concretamente* os limites do seu congenial "erostratismo". A operação que lhe tinha mais ou menos bem sucedido com Shakespeare (os *35 Sonnets*), com Maeterlinck (*O Marinheiro*), com Virgílio e Horácio (Ricardo Reis), com Virgílio e Whitman (Caeiro), com Whitman só (Campos) não lhe será possível com Goethe. Todos os comentadores, a começar por Gaspar Simões, sublinharam com pertinência a sua nula vocação *dramatúrgica*, em sentido próprio. A "competição" Pessoa-Goethe só podia redundar, como redundou, num fracasso, mas altamente revelador. Nesse fracasso se lê, *à rebours*, o segredo da imaginação ciumenta de Pessoa e a espécie de processo criador que dela se alimenta ou nela tem a sua fonte. Não é só, nem acaso principalmente, por impotência *estética* que o *Fausto* de Pessoa é um fracasso, mas por motivos mais profundos ligados à sua estrutura anímica e à "história" interior que Eros comanda.

Nos seus "encontros" e "confrontos" com Shakespeare, Virgílio, Horácio, Wordsworth, Maeterlinck ou Whitman mais não faz do que deslocar subtilmente um certo universo ou acelerar-lhe ficticiamente o movimento de molde a pô-lo ao serviço da sua visão desabusada do mundo, mesmo por oposição hiperbólica a ela, como em Caeiro. Óscar Lopes chamou a Pessoa "poeta do não", talvez maneira mais adequada que a de "poeta do Nada", geradora de muito equívoco e pouco esclarecedora da *démarche* efectiva da sua imaginação. E, realmente, é sob forma intensamente *negativa* que ele vive a sua relação com todas as manifestações vitais ou culturais, reflexo que mais não faz do que exprimir a relação "negativa" (mas dolorosamente negativa) consigo mesmo. Ora é a mesma *intensa negatividade* que o *Fausto* de Goethe incarna, embora ardentemente lute para a superar e acabe, por fim, triunfando "daquele que sempre nega" com ajuda da humana graça (Margarida).

O *Fausto* de Pessoa não podia ser a moeda do misterioso jogo entre Mefistófeles e Deus, mas desde o começo um Fausto-Mefistófeles mais próximo do Satan de Milton que do Fausto goethiano, homem da magia activa e do amor activo à Natureza. Pessoa está menos interessado nos combates reais da vida do que no mistério opaco dessa mesma vida (e da sua vida na vida). Do *Fausto* de Goethe retém só a ambição de vencer o tempo e a morte *pensando-os*, decifrando-lhe o hórrido enigma. O seu "erostratismo" não conheceu expressão mais intensa. Mas não foi o Templo que ardeu, foi a sua própria imaginação incapaz de lhe deitar fogo. O que nas outras obras foi impotência genialmente transfigurada, no *Fausto* permaneceu glosa da impotência pura, atravessada por fulgurações da luz mais sombria de toda a poesia universal, já no limite de tudo quanto nem a sua ilusão permite e, por isso mesmo, testemunhando nele do que mais trágico existe no seu universo, de tragédia íntima e anonimamente humana[19].

Como religar esta *prática* ao "enigma de Eros" e seu labirinto? Processo simbólico de reconquistar em vão

---

19 V. nota O no fim do volume (p. 258).

o espaço *único* em que imperou um dia a futura e, para sempre, despossuída infância? Operação mágica de auto--afirmação destinada a "existir-se" nos olhos matemos que o vêem menos do que ele o desejaria, com mais força que o seu padrasto-rival? É bem difícil deslindar uma meada tão enovelada "para o lado de dentro" e tão espectacularmente traduzida em gestos e símbolos para o lado de fora. A confiança e a dúvida deliradas em relação a si, vão a par (e são o verso e o reverso uma da outra). A sua teatralização foi precoce, tanto na sua vertente psicológica como na sua sublimação poética. O jovem que escreve aos 20 anos: *"Jamais houve alma mais amante e terna que a minha"*[20] é o mesmo que em diários mal fingidos e sempre adiados se reputa, em termos atrozes, indigno de ser amado: *"Como nunca descobri em mim qualidades que atraíssem alguém, nunca pude acreditar que alguém se sentisse atraído por mim. [...] Nem posso conceber que me estimem por compaixão porque, embora fisicamente desajeitado e inaceitável, não tenho aquele grau de amarfanhamento orgânico com que entre na órbita da compaixão alheia..."*[21]. É por demais transparente que um tal autodenegrimento não é outra coisa que absurda embora dolorosa autopunição de *mal-aimé*, sem dúvida imaginário (mas que sentido tem nestas paragens a diferença entre o real e o imaginário?). Desse fantástico *horror de si* oferece o *Fausto* portentosos exemplos, no limite do tolerável, e todos apontam numa única e idêntica direcção, a incapacidade de amar:

20 *Páginas Íntimas*, p. 6.
21 *Livro do Desassossego*, ed. Arte e Cultura, s. d., p. 52.

Ferve a revolta em mim
Contra a causa da vida que me fez
Qual sou[22].

Toda a meditação faustiana sobre "o horror metafísico de outrem" e seu olhar medusante que só tem paralelo nos capítulos famosos do estrábico autor de *L'Être et le Néant* sobre "o olhar" insuportável que converte em *coisa* o deus que nos sonhamos, gira em torno dessa incapacidade, descrita com uma brutalidade de raiva aquém e além de toda a cautela estética:

Entre o teu corpo e o meu desejo dele
'Stá o abismo de seres consciente;
Pudesse-te eu amar sem que existisses
E possuir-te sem que ali estivesses!

Ah, que hábito recluso de pensar
Tão desterra o animal, que ousar não ouso
O que a besta mais vil do mundo vil
Obra por maquinismo

Tanto fechei à chave, aos olhos de outros,
Quanto em mim é instinto, que não sei
Com que gestos ou modos revelar
Um só instinto meu a olhos que olhem...

Deus pessoal, deus gente, dos que crêem,
Existe, para que eu te possa odiar!

22 O. P., p. 448.

Quero alguém a quem possa a maldição
Lançar da minha vida que morri,
E não o vácuo só da noite muda
Que me não ouve[23].

Desta derrota inscrita no cume da sua vida de homem (ou que nele assim se traduziu como "o espinho na carne" do fraterno e diverso Kierkegaard) se compensa a sua vontade de poderio intelectual medindo-se sem tréguas com todas as mais altas manifestações do espírito humano, filosofia ou poesia, a todas desafiando na implacável e atra luz da absurdidade sem nome do seu próprio destino. Mas também as "vitórias" de quem aos 22 anos podia escrever que *Shakespeare já não me pode ensinar a ser subtil, nem Milton a ser completo* são vitórias à Pirro de que o seu autor não se deixa iludir até ao fim. Como sempre, nele, os paroxismos são só a outra face da depressão sem fundo. Todos os heterónimos nascem numa euforia estética, como anjos mais ou menos cegos enviados adiante do seu destino para o aplacar, e todos a breve trecho voltam o rosto para a noite e o "lago estagnado" de onde brotaram. Com mais tristeza e furor do que nenhum, esse Álvaro de Campos, que em 1917, com parricida mão, em gesto nunca conhecido na pacata vida nossa, diz "merda" à alta cultura do Ocidente, gesto a que não pode retirar--se um átomo de audácia sob o falacioso pretexto de que os "mandarins da Europa" a quem se decreta mandato de despejo já não eram o seu presente vivo, como se a ordem cultural neles não se revisse com todas as complacên-

23   *Ibid.*, p. 451.

cias[24]. Mas ninguém pagará mais caro o gesto profanador, agonizando a partir dele uma audácia sem emprego, definitivamente voltada para a exploração ardente do seu tumulto exausto.

24 V. nota P no fim do volume (p. 258).

7
ÁLVARO DE CAMPOS II
OU A AGONIA ERÓSTRATO-PESSOA

[...] A loucura por que é
Mais sã que a falta dela?

FAUSTO

Ter uma obra, uma força, uma vontade, uma horta
....
Uma cousa vinda directamente da natureza para mim.

A. DE CAMPOS

A partir do momento culminante de 1917, com o *Ultimatum*, já não haverá para Pessoa mais intercessores que as suas próprias ficções. Chegou o tempo, anunciado desde 1910, de relegar para o limbo a literatura dos outros e de "sonhar os seus próprios sonhos". Alberto Caeiro está já morto no seu reino sem morte, Reis instalado na sua "vila" romana de abdicação voluntária para fugir a ela, só Álvaro de Campos acompanha como gente viva o irónico e ausente criador. É o mais próximo dos seus "fantasmas", como também lhe chamou, e sê-lo-á cada vez mais, dando-lhe a mão frenética, um pouco mais calma, sempre que for necessário ostentar em público os paradoxos que salvam. Na sua companhia acedemos à mais íntima fusão da vivência quotidiana, da prosa da sua vida sem ela, com a preocupação metafísica em estado de pura incandescência. O milagre raro é que não se recebe da poesia de Álvaro de Campos a impressão de uma metafísica que se escoa em imagens. Ao contrário, é da consideração dos acontecimentos ou objectos mais banais (constipação, aniversário, dobrada à moda do Porto) que a imaginação ilumina de maneira insólita, que decorre uma espécie de meditação metafísica vertiginosa mas sensível, e com ela, a mais alta poesia. É a sua descida sem venda na alma ao *gouffre* baudelairiano convertido em tonel das Danaides, e só não é o seu agónico *coeur mis à nu* porque nem aqui, onde tão brutalmente se desvenda, nos dá o direito de o assimilar *à totalidade* de Fernando Pessoa.

Se pomos de parte o *Fausto,* escalpelização ou autovivissecação poética sem igual, Campos é o Pessoa mais nu, deixando correr à solta a torrente de angústia que o sufoca, fazendo o processo da sua abulia, outorgando-lhe uma dimensão de fábula, dilacerando-se com um patetismo e uma raiva dementes, em suma, elevando ao sentimento da sua existência (e da existência em geral) como absurdo radical, a *única epopeia* que a poesia moderna pode conceber, uma epopeia do negativo e da negação. Se alguma vez o inferno da subjectividade, a infelicidade orgânica da *consciência isolada e solitária,* foi descrita com génio, nos poemas mais desesperados da língua portuguesa (e porventura do século) o podemos comprovar. Desespero capaz de se ver como desespero, de se transformar no seu próprio palhaço, de se assobiar, de se crucificar, de se negar, sem outro resultado que o de se aprofundar em silêncio até vir morrer nas palavras que por impotência se suspendem, se fragmentam ou se repetem numa obsessão de bebedeira sarcástica de sonâmbulo:

Depois de amanhã, sim, só depois de amanhã...
Levarei amanhã a pensar em depois de amanhã,
Depois de amanhã serei finalmente o que hoje não posso nunca ser.
Só depois de amanhã...
Tenho sono como o frio de um cão vadio.
Tenho muito sono.
Amanhã te direi as palavras, ou depois de amanhã...
Sim, talvez só depois de amanhã...

O porvir...
Sim, o porvir[1]

A expressão crua, despida mesma da mediação de todo o humor ou jogo ao nível do imaginário, do mesmo combate da existência irreal pela sua realidade, das *palavras* em busca de um sentido mais crível que aquele que lhe damos, não se encontra em Álvaro de Campos. Pessoa confiou-o, como dissemos, ao "poema dramático" *Fausto*, materialização sem máscara de todos os seus fracassos, incluindo o *da forma* submetida à última violência de uma interrogação voluntariamente situada nos limites da interrogação humana. Aí arranca todas as máscaras e interroga até perder o sentido da própria interrogação. O resultado situa-se num domínio em que o projecto habitual da *poesia* naufraga, mas sem a compreensão

---

1 O. P., p. 331.

necessária deste naufrágio é o mundo interior de Pessoa que nos escapa. Esse *Fausto* sem outra Margarida que um simples "desdobramento" de si mesmo — e de novo tocamos aqui, sem dúvida, o fundo da questão, no sentido humano do termo — é o falso diálogo, desde sempre sem saída, de uma "consciência" confrontada com os dados brutos do enigma: *por que existe algo em vez de nada?:*

> Mais que a existência
> É um mistério o existir, o ser, o haver
> Um ser, uma existência, um existir —
> Um qualquer que não este, por ser este —
> Este é o problema que perturba mais.
> O que é existir — não nós ou o mundo —
> Mas existir em si?[2]

Fausto é o pólo oposto (um dos dois pólos, sendo o outro Pessoa-Rosacruz) de Caeiro, o que quer dizer sempre, o lugar mesmo do mais profundo diálogo com ele. A "ausência de Mistério", em cujo horizonte se perfila o vulto silencioso e miticamente calmo de Caeiro, é a forma suprema do Mistério:

> Ah, que diversidade
> E tudo sendo. O mistério do mundo,
> O íntimo, horroroso, desolado,
> Verdadeiro mistério da existência,
> Consiste em haver esse mistério[3].

2   *Ibid.*, p. 431.
3   *Ibid.*, p. 431.

Mas este "horror" mesmo, exactamente porque como "horror" se manifesta testemunha contra si mesmo, suscita a sua própria negação que não é outra coisa em figura humana da consciência, do que Pessoa-Rosacruz: *o mundo como irrealidade original.* Uma diferença capital separa, porém, *Fausto* de Pessoa-Rosacruz: a perspectiva ocultista é, embora no desmascaramento sem fim que lhe é próprio (também a Deus a verdade lhe morreu), o que de mais próximo está da fé perdida da sua infância enquanto ambas são forma de presença (e salvação) diante da Transcendência. Mas a consciência de irrealidade do mundo para *Fausto* não abre para esse espaço transfigurante onde o neófito verifica que *não há morte* e é o *igual dos deuses,* terminando assim para ele a provação e a prova. Ao contrário, a suprema realidade não o apavora menos que a opacidade impenetrável do Mundo, o seu aparente não-sentido ou a hipótese mesma do seu sentido perfeito. Que o mundo seja ilusão menos o confrange que a hipótese de perdê-la e de se encontrar um dia *face a face com a sua Verdade.* Exactamente como Ricardo Reis:

> Basta ser breve e transitória a vida
> Para ser sonho. A mim, como a quem sonha,
> E escuramente pesa a certa mágoa
> De ter que despertar — a mim, a morte,
> Mais como o horror de me tirar o sonho
> E dar-me a realidade, me apavora,
> Que como morte[4].

4   *Ibid.*, p. 434.

Este temor do *despertar é* um dos sintagmas psíquicos mais indiscutíveis do universo de Pessoa que no *Magnifica* lhe deu uma expressão admirável. Aquele que como Álvaro de Campos tão subtilmente entoará a litania da noite maternal, refúgio supremo de todas as angústias e bálsamo de toda a insónia do pensamento e da vida, no *Fausto* a teme como "consciência em ódio ao inconsciente" que é:

> Pudesse eu, sim, pudesse, eternamente
> Alheio ao verdadeiro ser do mundo,
> Viver sempre este sonho que é a vida!
> ....
> Suave me é o sonho, e a vida [...] é o sonho.
> Temo a verdade e a verdadeira vida.
> Quantas vezes, pesada a vida, busco
> No seio maternal da noite e do erro,
> O alívio de sonhar, dormindo; e o sonho
> Uma perfeita vida me parece —
> ... e porventura
> Porque depressa passa. E assim é a vida[5].

Em parte alguma como no *Fausto*, no meio das suas frases truncadas, dos poemas subitamente interrompidos, tocamos com o dedo a essência titanesca e condenada da empresa de Pessoa. Dela é bem consciente, como o tema duplo da *Loucura* e da impotência radical da linguagem para dizer o seu tormento o explicita:

5   *Ibid.*

Abre-me o sonho
Para a loucura a tenebrosa porta,
Que a treva é menos negra que esta luz.

O terror desvaria-me, o terror
De me sentir viver e ter o mundo
Sonhado a laços de compreensão
Na minha alma gelada[6].

Acontece supor-se *Deus.* A fraternidade com Nietzsche atinge aqui a sua expressão mais alta ("Se Deus existisse como poderia tolerar não ser Deus?"). E como Nietzsche, de razão perdida, assinava *O Crucificado*, Pessoa-Fausto escreve no meio dos seus escombros:

A qualquer modo todo escuridão
Eu sou supremo. Sou o Cristo negro.
O que não crê, nem ama — o que só sabe
O mistério tornado carne —.

Há um orgulho atro que me diz
Que sou Deus inconscienciando-me
Para humano[7].

Ou ainda:

Ó sistema mentido do universo,
Estrelas nadas, sois irreais,
Oh, com que ódio carnal e estonteante

6   *Ibid.*, p. 429.
7   *Ibid.*

> Meu ser de desterrado vos odeia!
>
> Eu sou o inferno. Sou o Cristo negro,
>
> Pregado na cruz ígnea de mim mesmo,
>
> Sou o saber que ignora,
>
> Sou a insónia da dor e do pensar...[8]

Tal é o limite para que tende também a poesia de Álvaro de Campos, iniciada sob o signo libertador e a paixão pela diversidade das coisas, de Walt Whitman... Felizmente, Álvaro de Campos evita este paroxismo desincarnado por uma espécie de *humor* mais ou menos negro mas real, por uma ironia transcendente ou em filigrana, por uma raiva até mas não tão abstracta como no *Fausto*, elevando assim ao seu mais alto ponto a *tragicomédia da inteligência e da sensibilidade,* a braços com as contradições da vida e delas mesmas, verdadeiramente incomparável. Através de Álvaro de Campos, Pessoa oferece-se em comédia a tragédia da sua glacial solitude e em tragédia a comicidade dolorosa de uma existência que não encontra, em parte alguma nem em nada, remédio contra a angústia fria que a devasta. Sob a sua primeira manifestação euforizante fora o voto desvairado e lúcido de "ser tudo em todas as coisas", de com elas se unir até ao delírio para se esquecer de si, esposando num só abraço a incrível confusão da vida e todas as suas contradições. É em termos de exterior cruzada walt-whitmaniana- -marinetista o mais antigo programa de Baudelaire de ser

> *la plaie et le couteau*
>
> *la victime et le bourreau*

---

8   *Ibid.*, p. 430.

mas também o já mais próximo de Rimbaud do *dérèglement de tous les sens* e o sonho de se converter numa "ópera fantástica". Somente o seu deboche libertador não tem lugar ao nível dos "sentidos" nem mesmo das "sensações", como os exegetas do seu "sensacionismo" tomado demasiado a sério têm tendência a descrevê-lo. É só um frio deboche do imaginário como já vimos. As suas explosões, a sua histeria calculada e verdadeira têm no próprio poema o seu contrapeso. A energia imitada para cantar certos aspectos da civilização moderna, aparente canto da mão direita de directa ressonância whitmaniana é corroída na origem pelo acompanhamento irónico da mão esquerda, eco da fadiga metafísica de Pessoa, já de regresso de todas as viagens. De regresso de tudo, na medida em que não é *ninguém* (sendo superlativamente a consciência disso) e em que ninguém pode colmatar essa "ausência de realidade" que é a seus próprios olhos. Em 1915 e 16 o que chocou foi a histerização do grito, o delírio das imagens, e viu-se num poema vasto como o mar uma simples *provocação* vanguardista, uma vontade de escândalo e um canto primário de exaltação da vida moderna. Não se viu, nem era então possível ver nele, a epopeia do fracasso mascarado em viagem imaginária, barco bêbado da só bebedeira da alma. A voz que fala na *Ode Marítima* surge partilhada entre a vontade de ser como os antigos marinheiros, vidas que crêem no mundo e se perdem alegre e ferozmente nas suas águas profundas e o sonho parado do anónimo correspondente comercial caído do céu da cultura e da adolescência viajante e exótica na "capital d'olvido" estagnada em rotina e pasmo, que é a Lisboa onde Pessoa e seus amigos se consomem à volta da etema mesa do café. Dos mortos sonhos imperiais que navio algum, entrando no porto cheio de sol onde ainda estão as naus para "os que vêem em tudo o que lá não está", pode ressuscitar, só a nostalgia deles feita alma, transmudada em saudade dilacerante do inacessível, encarna com uma sorte de absoluta perfeição no pequeno navio que sai a barra da vida, enfrentando "humilde e natural" a bruma do destino jamais dissipada para aquele que um dia ousou fitá-la:

Passa, lento vapor, passa e não fiques...

....

Perde-te no Longe, no Longe, bruma de Deus,

Perde-te, segue o teu destino e deixa-me...

Eu quem sou para que chore e interrogue?

Eu quem sou para que te fale e ame?

Eu quem sou para que me perturbe ver-te?

....

Parte, deixa-me, torna-te

Primeiro o navio a meio do rio, destacado e nítido,

Depois o navio a caminho da barra, pequeno e preto,

Depois ponto vago no horizonte (ó minha angústia!),

Ponto cada vez mais vago no horizonte...,

Nada depois, e só eu e a minha tristeza,

E a grande cidade agora cheia de sol

E a hora real e nua como um cais já sem navios,

E o giro lento do guindaste que, como um compasso que gira,

Traça um semicírculo de não sei que emoção

No silêncio comovido da minh'alma...[9]

9 Ibid.y p. 293.

Assim num lento e doloroso refluir, apagando um a um os traços da sua aventura sentada, se termina a hora da fictícia e funda exaltação, para a qual, "o homem e a hora" sendo um só, Pessoa havia criado, em toda a sua plenitude, Álvaro de Campos. Do espasmo não ficará mais que a ressaca, o marulhar glauco de águas represas através do qual Álvaro de Campos se sobrevirá a si mesmo como "um fósforo frio". Mas é na escuta desse canto de trevas ainda banhado do vento do largo e da sua luz oceânica que se apercebe em toda a sua fascinação o negro esplendor da poesia de Fernando Pessoa. Sem cansaço, o casual — vida inútil no meio de uma Lisboa sem febre de alma — se transfigura em matéria eterna. À medida que envelhece, ou antes, que se afasta dessa adolescência vertiginosa em que se sonhou "todos os Césares", a sua poesia cobre-se de sombras, as suas nostalgias tomam a cor da revolta e a revolta, contra si mesma, se quebra em náusea extrema. Inúteis serão todos os *sursum corda* que a si mesmo endereça ainda próximo dessa orla marítima do sonho extenuado. Mas eles desvendam e desfibram o último sentido da dispersão hiperbólica de Álvaro de Campos e situam na sua luz verdadeira o "sensacionismo" anedótico que ele mesmo, um dia, colou à sua pele.

A sua verdade é a de Caeiro às avessas: "ser tudo de todas as maneiras" como forma de regresso a esse todo fabulosamente disperso que Caeiro finge aceitar na sua diferença apaziguante e sem mistério para poder preservar a sua tranquila e imortal diferença. Só a multiplicidade pura é subsistente para Pessoa-Caeiro. Só a unidade pura é real para Pessoa-Campos. Na verdade, um e outro vivem do que negam e por essa negação se identificam na diferença que os separa. Não é o desejo de confusão com o real visível na sua "alucinação extraordinariamente nítida" que move Álvaro de Campos mas o de união com aquilo de que esse real é externa manifestação e floresta rumorosa ilusoriamente autónoma. O próprio Álvaro de Campos é, no grande jogo heteronímico, a floresta onde todos os heterónimos confluem e de onde refluem, por ser o lugar mesmo onde a contradição que os alimenta se dá simultaneamente o espectáculo de todos eles. Ele é como Reis a aceitação e a glosa da vida como ilusão, ele é como Caeiro aceitação e glosa da aparência e como Rosa-cruz aceitação e glosa da irrealidade, porque é simulta-neamente cantor do real como aparência e da ilusão como realidade. Cada uma dessas visões é o reflexo de um único mistério de informulável expressão: o da intrínseca ina-cessibilidade do ser que só por manifestações que o traem nos é presente e nós a ele. E é por ser assim que todas as manifestações o revelam traindo-o:

> *Sursum corda!* Erguei as almas! Toda a Matéria é Espírito,
>
> Porque Matéria e Espírito são apenas nomes confusos
> Dados à grande sombra que ensopa o Exterior em sonho
> E funde em Noite e Mistério o Universo Excessivo!
> Sursum corda! Ó Terra, jardim suspenso, berço
> Que embala a Alma dispersa da humanidade sucessiva!
> Mãe verde e florida todos os anos recente,
> Todos os anos vernal, estival, outonal, hiemal,
> Todos os anos celebrando às mancheias as festas de Adónis
> Num rito anterior a todas as significações,
> Num grande culto em tumulto pelas montanhas e os vales!

Sursum corda! Reparo para ti e todo eu sou um hino!

Tudo o que há dentro de mim tende a voltar ser tudo.

Tudo o que há dentro de mim tende a despejar-me no chão,
No vasto chão supremo que não está em cima nem em baixo
Mas sob as estrelas e os sóis, sob as almas e os corpos
Por uma oblíqua posse dos nossos sentidos intelectuais.

Sou uma chama ascendendo, mas ascendendo para baixo
    e para cima,
Ascendendo para todos os lados ao mesmo tempo, sou um
    globo
Das chamas explosivas buscando Deus e queimando
A crosta dos meus sentidos, o muro da minha lógica,
A minha inteligência limitadora e gelada[10].

É bem inutilmente e em perpétuo atraso que nós podemos fazer a autópsia da contradição confessada e viva que é Álvaro de Campos. Ele mesmo se percorreu de norte a sul e de oeste a leste com lucidez implacável que jamais é suprema senão no domesticado delírio pânico a que entrega a sua alma excedida de si mesma e do mundo. Esse concertado e abissal delírio que é o da vida mesma em sua explosão sem fim convoca cada alma para a sua festa, mas mais do que todas, aquela que em si se sabe morta e separada do fundo fluxo vital pelo muro dessa "inteligência limitadora e gelada". Tudo o que Pessoa pôde conceber-se e ser-se imaginariamente de mais exterior ao seu ser

10 *Ibid.*, pp. 375-376.

imobilizado e impotente o verte em Álvaro de Campos, na tentativa de antemão gorada de livrar-se de si e de ser o "análogo de Deus":

> Quanto mais eu sinta, quanto mais eu sinta como várias
> pessoas,
>
> ....
>
> Mais análogo serei a Deus, seja ele quem for,
> Porque, seja ele quem for, com certeza que é Tudo,
> E fora d'Ele há só Ele, e Tudo para Ele é pouco[11].

O inverso desta *Quête* última de unidade e unificação com o que não tem nome, já escondida do âmago da *Ode Triunfal* e da *Ode Marítima, é* uma abulia original, massa oceânica que nenhuma vaga de fundo poderá abolir ou deslocar duradoiramente. É já o seu espectro poderoso, mas ainda quente de todos os sonhos plausíveis que domina um dos mais complexos e importantes poemas de Pessoa-Campos, *A Passagem das Horas* de 1916. O excesso que a irrupção de Álvaro de Campos traduz determinou duas reacções antagónicas e simétricas: *Chuva Oblíqua* e *Passagem das Horas.* Em *Chuva Oblíqua* Pessoa tenta recuperar-se em vão sobre Álvaro de Campos emigrando para o mais recente de si esse interseccionismo aplicado de onde, em parte, Campos nascerá. Em *Passagem das Horas* a ruptura é assumida e é Álvaro de Campos que se deixa invadir pelo Fernando Pessoa *tal qu'en lui-même* o cansaço de mundos para apanhar um eléctrico o havia feito. *Passagem das Horas* é a descida pelas traseiras da casa de um sonho maior que a alma

---

11   *Ibid.*, p. 375.

onde habita. É aqui que pela primeira vez se ouve com uma
nitidez que não engana o antiquíssimo resumo trágico da
experiência humana, de Ésquilo a Job[12]:

Viajei por mais terras do que aquelas em que toquei...
....
Experimentei mais sensações que todas as sensações que
    senti,
Porque, por mais que sentisse, sempre me faltou que sentir
E a vida sempre me doeu, sempre foi pouco, e eu infeliz.
....
Não sei se a vida é pouco ou de mais para mim.
Não sei se sinto de mais ou de menos, não sei
Se me falta escrúpulo espiritual, ponto-de-apoio na inte-
    ligência,
Consanguinidade com o mistério das coisas...
....
Ou se há outra significação para isto mais cómoda e feliz.

Seja o que for, era melhor não ter nascido,
Porque de tão interessante que é a todos os momentos,
A vida chega a doer, a enjoar, a cortar, a roçar, a ranger,
A dar vontade de dar gritos, de dar pulos, de ficar no chão,
    de sair
Para fora de todas as casas, de todas as lógicas e de todas
    as sacadas,
E ir ser selvagem para a morte entre árvores e esqueci-
    mentos[13].

12   V. nota Q no fim do volume (p. 259).
13   O. P., pp. 300-301.

A voz que fala na *Passagem das Horas* nunca mais se calará no futuro Álvaro de Campos, definitivamente sem outro futuro que o desta intensa e intérmina descida ao labirinto da veleidade, sombra dura no chão da vida criada pela sua incapacidade de agir, de se inserir na dinâmica do mundo:

> Oh mágoa imensa do mundo, o que falta é agir...[14]

A sombra melancólica de Cesário triunfa nele sobre a de Whitman, definitivamente, o Cesário do cair da noite, dos sonhos imóveis:

> Acenderam as luzes, cai a noite, a vida substitui-se.
> Seja de que maneira for é preciso continuar a viver.
> Arde-me a alma como se fosse uma mão, fisicamente.
> ....
> [...] Eu sou o que sempre quer partir,
> E fica sempre, fica sempre, fica sempre,
> Até à noite fica, mesmo que parta, fica, fica, fica...[15]

É neste marasmo mortal que se recorta, como apelo angustiado e inútil, a primeira das suas grandes litanias à noite, a essa noite ao mesmo tempo física, moral, metafísica que nele encontrou porventura o mais filial adorador, a mais amante emanação do seu ser maternal e dissolvente:

14 *Ibid.*, p. 301.
15 *Ibid.*

Torna-me humano, ó noite, torna-me fraterno e solícito.
Só humanitariamente é que se pode viver.
Só amando os homens, as acções, a banalidade dos trabalhos,
Só assim — ai de mim! — só assim se pode viver.
Só assim, ó noite, e eu nunca poderei ser assim!

Amei e odiei como toda a gente,
Mas para toda a gente isso foi normal e instintivo,
E para mim foi sempre a excepção, o choque, a válvula, o
   espasmo.
Vem, ó noite, e apaga-me, vem e afoga-me em ti.
Ó carinhosa do Além, senhora do luto infinito,
Mágoa externa da Terra, choro silencioso do Mundo,
Mãe suave e antiga das emoções sem gesto,
Irmã mais velha, virgem e triste, das ideias sem nexo,
Noiva esperando sempre os nossos propósitos incompletos,
A direcção constantemente abandonada do nosso destino,
A nossa incerteza pagã sem alegria,
A nossa fraqueza cristã sem fé,
O nosso budismo inerte, sem amor pelas coisas nem êxtases,
A nossa febre, a nossa palidez, a nossa impaciência de
   fracos,
A nossa vida, ó mãe, a nossa perdida vida...[16]

Esta primeira grande aparição da noite não tem o perfil sumptuoso e a magnificência cósmica da noite invocada no inesquecível "fragmento de Ode", mas nela ressoa a mesma confissão e se articulam os mesmos temas: noite e mãe, regresso à inconsciência regeneradora e apaziguante,

16   *Ibid.*, p. 302.

fuga da vida como dor essencial, remédio mais eficaz que as plurais fés que outrora foram sangue da alma e já não encontram hoje alma para o antigo sangue que nelas corria. É como marginal da vida, como incapaz de ressentir qualquer coisa "vinda directamente da natureza" para ele que implora, criança absoluta, as mãos da absoluta noite:

> Por isso sê para mim materna, ó noite tranquila...
> Tu, que tiras o mundo ao mundo, tu que és a paz,
> Tu que não existes, que és só a ausência da luz,
> Tu que não és uma coisa, um lugar, uma essência, uma vida,
> Penélope da teia, amanhã desfeita, da tua escuridão,
> Circe irreal dos febris, dos angustiados sem causa,
> Vem para mim, ó noite, estende para mim as mãos,
> E sê frescor e alívio, ó noite, sobre a minha fronte...[17]

É só por fidelidade ao seu "sensacionismo" de marca que depois disto emergirá ainda, mas já como uma aventura morta, o Álvaro de Campos disposto "a sentir tudo de todas as maneiras". Nenhuma pirueta, nenhum sarcasmo, nenhuma provocação a frio o levantará dessa Noite onde antecipadamente se acolheu e ao abrigo da qual, como numa *féerie* shakespeariana vai desfiando as suas mais indizíveis revelações. É na *Passagem das Horas* que o Eros ambíguo das sua adolescência ousa tomar figura humana e bem sábio será quem distinguir sob a máscara a realidade da ficção:

[17] *Ibid.*

Multipliquei-me, para me sentir,
Para me sentir, precisei sentir tudo,
Transbordei, não fiz senão extravasar-me,
Despi-me, entreguei-me,
E há em cada canto da minha alma um altar a um deus
  diferente.

Os braços de todos os atletas apertaram-me subitamente
  feminino.
E eu só de pensar nisso desmaiei entre músculos supostos.
Foram dados na minha boca os beijos de todos os encontros,
Acenaram no meu coração os lenços de todas as despedidas,
Todos os chamamentos obscenos de gestos e olhares
Batem-me em cheio em todo o corpo com sede nos
  centros sexuais.
Fui todos os ascetas, todos os postos-de-parte, todos os
  como que esquecidos,
E todos os pederastas — absolutamente todos (não faltou
  nenhum).
Rendez-vous a vermelho e negro no fundo-inferno da
  minha alma!
(Freddie, eu chamava-te Baby, porque tu eras louro, branco
  e eu amava-te,
Quantas imperatrizes por reinar e princesas destronadas
  tu foste para mim!)
Mary, com quem eu lia Burns em dias tristes como
  sentir-se viver,
Mary, mal tu sabes quantos casais honestos, quantas
  famílias felizes,
Viveram em ti os meus olhos e o meu braço cingindo e a
  minha consciência incerta,

....
Mary, eu sou feliz...

Freddie, eu sou feliz...[18]

Talvez não haja nada mais confessional na sua obra toda confessional sob tanta máscara que a desvenda, mas já dissemos o que basta para reenviar à totalidade que é a poesia de Pessoa esta passagem tão pouco e tão imensamente Álvaro de Campos. A máscara de "degenerado superior sem arquivos na alma" não é, por mais gritante, de transparência maior que as outras, mas também não o é menos e seria um erro recusar com sinal de verdade a sua manifestação excessiva e acintosamente provocante. Se como ele tão bem o disse "o que parece não querer dizer nada sempre quer dizer qualquer coisa...", que não dirá aquilo que parece não dizer nada só por dizer de mais? No centro de Álvaro de Campos, como no de Caeiro, Reis ou Pessoa, há essa luz turva do seu mais íntimo segredo que tudo contamina de vazio e sombra, ou a tudo oferece o espelho em mil bocados estilhaçado de consciência separada de si mesma por misterioso mas não menos intenso sentimento de culpa.

Em parte alguma Pessoa se ocultou menos que em Campos e em parte alguma mais de si mesmo se distanciou, assumindo o mais próximo como diferente e outro. É no espaço desta "falsa diferença", uma vez acalmado o tumulto e o impulso que durante algum tempo lhe emprestou o máximo de realidade fictícia, que fatalmente se tinham de desenrolar os mais agónicos e inexplicáveis

18   *Ibid.*, p. 304.

combates da sua alma nua, cada vez mais nua, sob as máscaras. Os muros do labirinto tombam um a um, fica só a arena de morte e nela, a um tempo, Teseu e Minotauro, a realidade e a ficção, se dilaceram e se transfiguram. Imprecação, pirueta, vómito, oração, lágrimas, sarcasmo, sorriso, compõem o "ballet" patético de uma interminável agonia que a si mesma se contempla e se espia. Por vezes o jogo trágico passa tão perto da aresta mortal que toda a vontade de ainda o ver como jogo desaparece e só fica lugar para uma escuta quase obscena do estertor humano repercutindo sem mediador no nosso próprio e anónimo abismo:

Se te queres matar, por que não te queres matar?
Ah, aproveita que eu, que tanto amo a morte e a vida,
Se ousasse matar-me, também me mataria...
Ah, se ousas, ousa!

De que te serve o quadro sucessivo das imagens externas
A que chamamos o mundo!
....
Talvez, matando-te, o conheças finalmente...
Talvez, acabando, comeces...
E, de qualquer forma, se te cansa seres,
Ah, cansa-te nobremente,
E não cantes, como eu, a vida por bebedeira,
Não saúdes como eu a morte em literatura!

Fazes falta? Ó sombra fútil chamada gente!
Ninguém faz falta; não fazes falta a ninguém...
Sem ti correrá tudo sem ti.

Talvez seja pior para outros existires que matares-te...
Talvez peses mais durando, que deixando de durar.

A mágoa dos outros?... Tens remorso adiantado
De que te chorem?
Descansa: pouco te chorarão...
O impulso vital apaga as lágrimas pouco a pouco,
Quando não são de coisas nossas,
Quando são do que acontece aos outros, sobretudo a
    morte,
Porque é coisa depois da qual nada acontece aos outros...[19]

Em nenhum poema Pessoa deixou um tão amargo traço
da sua impiedosa visão da existência, em nenhum arrancou com tão implacável lucidez a máscara idealizante com
que de seus mais fundos terrores nos abrigamos e jamais
a fraternidade absoluta do seu coração como coração anónimo dos homens encontrou tão certeiramente o eco
universal onde, lendo-o, a nós mesmos nos lemos:

Primeiro é a angústia, a surpresa da vinda
Do mistério e da falta da tua vida falada...
Depois o horror do caixão visível e material,
E os homens de preto que exercem a profissão de estar ali.
Depois a família a velar, inconsolável e contando anedotas,
Lamentando a pena de teres morrido,
E tu mera causa ocasional daquela carpidação,
Tu verdadeiramente morto, muito mais morto que calculas...
Muito mais morto aqui que calculas,

19 *Ibid.*, p. 318.

Mesmo que estejas muito mais vivo além...
Depois a trágica retirada para o jazigo ou a cova,
E depois o princípio da morte da tua memória.
Há primeiro em todos um alívio
Da tragédia um pouco maçadora de teres morrido...
Depois a conversa aligeira-se quotidianamente,
E a vida de todos os dias retoma o seu dia...
....
Encara-te a frio, e encara a frio o que somos...
Se queres matar-te, mata-te...
Não tenhas escrúpulos morais, receios de inteligência!
Que escrúpulos ou receios tem a mecânica da vida?
....
Não vês que não tens importância absolutamente nenhuma?[20]

Bem se compreende por dentro e fora a admiração, nunca desmentida, de Pessoa por Antero. Ao seu desespero fundo e nobre, Pessoa acrescentou a troça de animal ferido pelo absurdo puro da morte que é uma lógica divina num universo sem traço dela. Ao menos do nosso lado, que é o lado onde estamos. Este esplendor no sarcasmo é um dos pontos altos de Álvaro de Campos e inúmeros poemas lhe emprestam renovadas figuras sem o alterar na substância. Nesse poema de 1926 não é arbitrário ouvir mais do que o eco do acontecimento único que terá sido para o terno e magoado "menino de sua mãe" a recente morte de quem ocupou no cenário da sua vida o lugar capital. Do mesmo ano, o poema *Lisbon Revisited* ressuma a mesma "derelicção" total, a mesma

---

20 *Ibid.*, pp. 318-319.

orfandade metafísica de "estrangeiro aqui e em toda a parte" na "cidade da sua infância pavorosamente perdida...". Não é senão muito legítimo pensar que é bem menos essa "Lisboa com Tejo e tudo" que lhe provoca o sentimento de não ser o mesmo que aí viveu, do que a imagem materna definitivamente perdida e, com ela e nela,

O espelho mágico em que (se) revia idêntico[21].

A verdade é que todos os poemas a partir dessa data têm um lado de sobrevivência e por vezes de agonia de si mesma cansada. Deles emerge como resumo mítico de Álvaro de Campos, poeta da universal ilusão e por isso mesmo dilaceradamente amada e interrogada, acaso o mais grandioso e memorável poema de Pessoa, *A Tabacaria*. Todo o Álvaro de Campos nele se concentra, guardando de todos os excessos o mais inapagável aroma e construindo com eles o templo sereno da ilusão pura, unindo assim a estética da violência à estética da ordem que nunca deixara de o fascinar. Com felicidade suma, Pessoa soube converter a simpática tabacaria da cidade terrestre e seu humilde dono no símbolo mesmo do universo e seu mistério, ao mesmo tempo *evidente e incompreensível, real e inacessível*, conferindo assim um poder mítico à sua angústia pessoal e ao mesmo tempo ultrapassando-a (na medida do possível...) por um *último sorriso* de compreensão e aceitação infinitas da mesma ilusão. Ao fechar-se sobre si mesma parece abrir-se do interior para um espaço sem nome onde o absurdo de que é

21   *Ibid.*, p. 321.

figura se converte por uma última metamorfose na figura do inevitável e, de algum modo, do aceitável. É a sua tradução da fórmula do trágico moderno segundo Nietzsche, do *amor fati,* que diz "sim" ao destino antigo para lhe negar a opacidade inumana:

> Fiz de mim o que não soube,
> E o que podia fazer de mim não o fiz.
> O dominó que vesti era errado.
> Conheceram-me logo por quem não era e não desmenti, e
> perdi-me.
> Quando quis tirar a máscara
> Estava pegada à cara.
> ....
> Mas o Dono da Tabacaria chegou à porta e ficou à porta.
> ....
> Ele morrerá e eu morrerei.
> Ele deixará a tabuleta, e eu deixarei versos.
> A certa altura morrerá a tabuleta também, e os versos também.
> ....
> Em outros satélites de outros sistemas qualquer coisa
> como gente
> Continuará fazendo coisas como versos e vivendo por
> baixo de coisas como tabuletas,
> Sempre uma coisa defronte da outra,
> Sempre uma coisa tão inútil como a outra,
> Sempre o impossível tão estúpido como o real,
> Sempre o mistério do fundo tão certo como o sono de
> mistério da superfície,
> Sempre isto ou sempre outra coisa ou nem uma coisa nem
> outra.

Mas um homem entrou na Tabacaria (para comprar tabaco?),
E a realidade plausível cai de repente em cima de mim.
Semiergo-me enérgico, convencido, humano,
E vou tencionar escrever estes versos em que digo o contrário.

....

O homem saiu da Tabacaria (metendo troco na algibeira
das calças?).
Ah, conheço-o; é o Esteves sem metafísica.
(O Dono da Tabacaria chegou à porta.)
Como por um instinto divino o Esteves voltou-se e viu-me.
Acenou-me adeus, gritei-lhe *Adeus ó Esteves!*, e o universo
Reconstruiu-se-me sem ideal nem esperança, e o Dono da
Tabacaria sorriu [22].

Na plenitude da sua trajectória vemos melhor como e porquê no *drama vivo* de Pessoa, Álvaro de Campos é o grande *discípulo* de Caeiro. Se Alberto Caeiro é o seu sonho de *não ter que suportar como consciência (quer dizer, como culpabilidade)*, identificando-se à Natureza por "dentro" (isto é sem interior...), Campos é a ficção da hiperconsciência, a sua extenuação imaginária, o sonho de perder a mesma consciência positivamente, *agindo*. Em suma, um Caeiro *activo*. Todavia é nele que o sentimento de irrealidade original se aprofunda, pois a sua *acção* não é como a de Baudelaire *la soeur du rêve* mas a contínua e irredenta supuração da *chaga* da vida. Pelo menos, da sua. No estuário da inexistência ou do esquecimento onde todos

22   *Ibid.*, pp. 326-328.

os actos e acções desaguam, o máximo que a ilusão nos consente ler é esse sorriso do Dono da Tabacaria, sorriso da ambiguidade suprema, a mesma que move a palavra poética e promete idêntica morte à tabuleta e ao verso que tenta arrancá-la ao nada a que ambos estão destinados. Estamos aqui no âmago da visão de Pessoa. É na sua relação mais íntima com o poema que ele agoniza, é nele que vive a dimensão autêntica do seu drama que é, em todos os sentidos do termo, o da *criação*. Como *crer* num verbo que não vive de outra coisa que da impugnação ontológica da criação? Como pode escapar o acto de *escrever* ao processo de desconfiança que nele se instaura a respeito da "realidade do real"? Este processo de desconfiança não o é no sentido mallarmeano do termo, o qual supõe uma espécie de ontologia do nada e consequente poética dos múltiplos "não-seres" (*inanité sonore*) que em cada *bibelot* o poeta é capaz de perceber. Não há problema de *página branca* em Pessoa, mas de existência nula ou plena, como em Rimbaud. É o sentimento da sua existência, ora intoleravelmente *nula,* ora fabulosamente *plena* que articula a sua poesia mas nele se insere de maneira indissolúvel a dialéctica da "nulidade" ou da "plenitude" do próprio *poema,* enquanto acto destinado justamente a conferir-lhe a única *existência* com sentido a seus olhos: a de criador.

Toda a sua vida Fernando Pessoa oscilou entre a convicção quase delirante do seu génio poético e uma desconfiança igualmente mórbida em relação ao seu poder criador. Todo o Álvaro de Campos é o teatro desse jogo infernal — dessa interminável agonia de criador — onde de émulo de Whitman (já bem duvidoso de sê-lo) passa a implausível herdeiro de Virgílio ou Milton, cumprindo no plano da glória almejada o mesmo itinerário de íntimo masoquismo que no plano erótico, o que não é de estranhar, pois o nível simbólico ecoa o nível existencial. A alternância de júbilo a respeito do seu destino poético e de pânico à ideia de o não alcançar com a evidência soberana dos Shakespeare e dos Milton é a mesma das modulações de Eros na poesia consignadas, dele mesmo sabidas ou não sabidas, navegando entre a pulsão positiva da sexualidade e o fantasma que desde dentro a rasura. Porque, no seu caso, Eros é particularmente ambíguo, o canto que o alude sem cessar vem marcado desde a origem por análoga ambiguidade ao nível da simbolização.

Toda a simbolização tem uma história e, sobretudo, uma orientação. À medida que Álvaro de Campos se inclina para o seu fim (que é o do Poeta) a simbolização perde a sua ambiguidade aparente, a sua função polémica. Fica apenas reduzida à sua verdade e nela se lê a forma pura de regresso ao enigma da sua vida "virgemente parada". O humor agónico e sarcástico, ar falsamente lúdico de um certo Álvaro de Campos, embora sempre presentes até final, são invadidos pela obsessão regressiva, maternal, dos temas do *cansaço,* da *insónia* e do *sono.* Não há nada de mais doloroso na sua poesia que o último Álvaro de Campos. O poeta tem uma consciência aguda do seu espaço humano definitivamente bloqueado, mas não menos bloqueado lhe parece o próprio universo poético, outrora ilusoriamente aberto, divergente, renovável. As suas pálpebras de insoníaco eterno requerem um sono que tarda. O antigo cantor da noite acolhedora e maternal até dessa imaginária mão da "enfermeira antiquíssima" abdica. Nas longas vigílias sem sono do mais exigente dos sonhadores só brilha a evidência do seu fracasso absoluto, irreparável. De "materna", a noite volveu-se "terrível":

Na noite terrível, substância natural de todas as noites,
Na noite de insónia, substância natural de todas as minhas noites,
....
Relembro, e uma angústia
Espalha-se por mim todo como um frio do corpo ou um medo.
O irreparável do meu passado — esse é que é o cadáver!
Todos os outros cadáveres pode ser que sejam ilusão[23].

A desistência é absoluta, eco algum do antigo "triunfalismo" repercute no monótono balanço de uma existência que não assumiu jamais máscara alguma sem a colar à cara nem a retirou sem a deixar em sangue. Só a porta cerrada para o lado de dentro, não do sonho mas do Sono sem ele, lhe exige ainda um vago gesto interessado. Enquanto Álvaro de Campos a conclusão é "sucata", ou em termos grandiosos dignos das antigas efusões da *Ode Marítima,* "deserto", dentro de si e da vida:

Grandes são os desertos e tudo é deserto.
....
Grandes são os desertos e as almas desertas e grandes —
Desertas porque não passa por elas senão elas mesmas,
Grandes porque dali se vê tudo e tudo morreu.

23 *Ibid..* p. 333.

Grandes são os desertos, minha alma!
Grandes são os desertos[24].

Nos retratos imaginários (e todos os são) dos poetas — ou de toda a gente — uma irreversível tentação de os dourar em fim de aventura e vida aparece sempre. Pessoa-Campos desencoraja esse tardio e conciliante olhar sobre o seu destino. Gaspar Simões supôs que na última fase da sua vida a certeza do seu reconhecimento *público* por parte da geração nova coloriu a sua existência de uma luz-outra, menos negra da que ensombrara o seu destino anterior. Exteriormente, esse "reconhecimento" teve sem dúvida o condão de anestesiar, em breves momentos, a lucidez amarga do olhar que sempre pousou sobre si e o mundo. Mas há muito que os dados haviam sido jogados no chão do destino. Nos poemas, que é onde habita a sua única realidade — e, em particular, nos mais nus e desarmados de Campos — nenhum vestígio dessa consolação está presente. Não lhe façamos o consabido golpe de "Na mão de Deus" como a Antero, que ao menos teve a sua convivência. Os poemas datados do ano da sua morte não deixam filtrar raio algum do que em linguagem humana se pode chamar "esperança". Só os extremos da violência nauseante e da auto-acusação aparecem diluídos. Mas nem isso é certo pois ignoramos se os atrozes reptos à sua vida fracassada, a sua litania literalmente agónica, pertencem também à sua "última fase", expressão que só talvez em cronologia guarda um vago sentido. Não há aliás incoerência alguma entre essas explosões de raiva

24   *Ibid.*, p. 347.

desesperada e autodestrutiva sem paralelo nos arquivos da nossa alma resignada, e os poemas datados de 35, meses apenas antes da sua morte. Só a diferença que há entre a desesperação furiosa e o desespero resignado, nimbado de uma luz póstuma, mais além do desespero. Em suma, a distância pouca que separa um poema como:

Graças a Deus que estou doido!
Que tudo quanto dei me voltou em lixo,
E, como cuspo atirado ao vento,
Me dispersou pela cara livre!
....
Poesia transcendental, já a fiz também!
Grandes raptos líricos, também já por cá passaram!
A organização de poemas relativos à vastidão de cada
    assunto resolvido em vários —
Também não é novidade.
Tenho vontade de vomitar, e de me vomitar a mim...
Tenho uma náusea, que se pudesse comer o universo para
    o despejar na pia, comia-o.
Com esforço, mas era para bom fim.
Ao menos era para um fim.
E assim como sou não tenho nem fim nem vida...[25]

e o último datado de Álvaro de Campos, mancheia de terra sobre si mesmo, definitivo e misericordioso apelo ao sono sem fim como possível termo para uma vida que bateu sem descanso e sem obter resposta contra o muro impenetrável da existência:

---

25 *Ibid.*, p. 380.

O sono que desce sobre mim,
O sono mental que desce fisicamente sobre mim,
O sono universal que desce individualmente sobre mim —
Esse sono
Parecerá aos outros o sono de dormir,
O sono da vontade de dormir,
O sono de ser sono.

Mas é mais, mais de dentro, mais de cima:
É o sono da soma de todas as desilusões,
É o sono da síntese de todas as desesperanças,
É o sono de haver mundo comigo lá dentro
Sem que eu houvesse contribuído em nada para isso[26].

É tentador fixar para sempre Pessoa na cruz sem redenção que ele próprio descobriu ou plantou na sua própria alma. Em cada heterónimo brilha sempre a verdade
inteira do seu criador e em Campos com um fulgor mais
negro e íntimo que em nenhum outro. Mas brilha no seu
esfacelamento, particular e absoluta ao mesmo tempo,
mentira se a tomamos como absoluta mas verdade se
como particular a assumimos. Tem sobrada razão Jacinto
do Prado Coelho em escrever que aquilo que ele chama
"o culto do múltiplo" não é em Pessoa "sinal de confiança
construtiva". Mas já é menos crucial resumir uma aventura que se traduziu nos mais pungentes poemas da língua portuguesa falando a seu respeito de *compensação,
"divertimento", jogo no vazio*. Se lhe chama "doente incurável do absoluto" é para sublinhar que tendo renun-

26   *Ibid.*, p. 366.

ciado ao uno *desistiu do autêntico (e) é, conformadamente
o que não é.* Escusado sublinhar que toda a nossa leitura
supõe a convicção oposta. A poesia de Pessoa e mormente a sua histriónica e trágica (Campos), não enraíza
numa renúncia ao uno glosada como puro divertimento,
mas na sua busca fervorosa e demente. Se assim não fosse
em que radicaria o seu impacto inigualável? Campos é só
um canto ou uma contínua modulação de visceral angústia determinada pela ausência misteriosa e inaceitável da
unidade, maneira de buscar o contacto com um fundamento cuja presença poria fim ao seu sentimento de inexistência, ou talvez melhor, ao seu sentimento de existir
com um excesso que tudo enegrece à sua volta. O tema
único de Campos é que os nossos sonhos são de *deuses*
sem que haja em nós possibilidade alguma de cumprir
o menor de entre eles. Mas não é um tema abstracto: o
sonho "divino" em que não ousa crer é o do seu destino
de poeta:

> Génio? Neste momento
> Cem mil cérebros se concebem em sonho génios como eu,
> E a história não marcará, quem sabe?, nem um,
> Nem haverá senão estrume de tantas conquistas futuras.
> Não, não creio em mim[27].

A desconfiança ontológica que brotou nele de inextricá-
veis raízes é antes de tudo desconfiança íntima, incapacidade de aceitar que existe uma passagem entre o seu
sonho de criador e a sua criação. O que permite o nobre

27   *Ibid.*, p. 324.

jogo da cultura nele está morto: a tudo o que é a sua máscara, religião, moral, estética, Pessoa exigiu os títulos de existência e glória e não os achou. É no mais simples sentido da expressão um *marginal,* um habitante do deserto que cresce quando as ilusões que permitem viver naufragam. É esta *nudez* abrupta que muitos acham intolerável e puro niilismo gratuito ou injustificável. Mas é por ela e nela que o amam os que vêem nessa nudez a forma suprema e nunca mais ultrapassada em nossas letras da recusa da figura do mundo, da história e da existência tal como um homem da primeira metade do nosso século, profeta e lúcido, a ressentiu em sua carne e seu espírito.

8
A EXISTÊNCIA MÍTICA
OU A PORTA ABERTA

O Segredo da Busca é que não se acha.

FAUSTO

*Desejo ser um criador de mitos, que é o mistério mais
alto que pode obrar alguém na humanidade.*

PESSOA

Mas como, aqui, a porta aberta?

PESSOA

Nem na ordem estética nem na ordem mais importante da existência a ficção heteronímica se revelou uma
solução. Têm pois razão os que nela viram como Gaspar
Simões, Jacinto do Prado Coelho e sobretudo Mário Sacramento mais a maneira de diferir para sempre a dificuldade
nuclear que a suscitou do que a maneira de lhe pôr termo.
Simplesmente, com o surgimento da heteronímia e a sua
perpetuação essa dificuldade mudou de sentido. As quatro clivagens fundamentais da sua existência ideal perma-
necerão para sempre *separadas* umas das outras, e é inútil
buscar na sua impossível soma "a unidade" que não podem
constituir. Mas essa "separação" possui uma lei interna,

uma arquitectura cuja presença basta para separar radical-mente o pré-Pessoa anterior ao nascimento heteronímico e aquele que a heteronímia marcará para sempre. O que era mera possibilidade adquiriu uma forma e mesmo uma forma particularmente nítida. O regresso ao magma origi-nal é impossível e esse magma mesmo só ganha significa-ção e relevo na luz retrospectiva que os focos Caeiro, Reis e Campos sobre ele projectam. As ficções não são um *expe-diente*, mas a conversão ao mesmo tempo natural e incons-ciente do plano psicológico em plano mítico. A passagem de um ao outro não se efectuou de idêntica maneira nem foi obra de um investimento psíquico de idêntica natureza.

Uma única das ficções pôde adquirir aos olhos do seu criador esse estatuto *mítico* que, segundo ele, é a marca própria das criaturas ideais destinadas ao céu literário: Caeiro. Existe assim uma distorção sem reciprocidade no mundo da ficção heteronímica. Ficção verdadeira é só, e unicamente, Caeiro. É ele o "mito que é tudo", a solução ideal e por ideal impossível. A heteronímia não foi, nem é, *solução*, mas Caeiro é "solução" enquanto mito, e enquanto mito estrutura não só a construção "literária" que designa-mos por ficção heteronímica, mas a ficção existencial que é a da vida realíssima de Pessoa. Em relação à *existência*, fic-tícia mas soberanamente arrancada ao tempo e à morte que Pessoa se dá em Caeiro — Reis e Campos e Pessoa mesmo — são só *vida*, essa vida que sendo

> metade
> de nada, morre[1].

[1] O. P., p. 8.

A existência plena (por infinitamente sóbria) que Pessoa se confere em Caeiro não podia inserir-se *no tempo* mas apenas separar a ordem da temporalidade da ordem que, por falta de outro nome mais adequado, chamamos da eternidade. Por isso se notou — mas para sublinhar justamente o seu *artificialismo* — que Caeiro, como as rosas invocadas por Reis, no dia em que nasceu, morreu. Ele próprio escreveu, e depois os seus "discípulos", que não teve "biografia" mas só nascimento e morte e, entre os dois, a plenitude dos dias. Em suma, e como é hábito em Pessoa, a sua ficção se autodenunciou e se propôs como o que é: um *mito*. Talvez não sejamos de todo infiéis ao seu ser profundo e à função que Pessoa lhe atribuiu se virmos em Caeiro uma versão, um tudo nada ocultista, do "anjo da guarda". Devastado pelo sentimento (e até a sensação) do absurdo em todos os planos da existência e do pensamento, Caeiro *vela* por ele à hora da negrura extrema. Se outra função não tivesse tido, esta, através da qual porventura se salvou da loucura sem remissão e de algum gesto definitivo como Sá-Carneiro, bastaria para assegurar a Caeiro aquele grau de *realidade* que na "existência real" não podia encontrar. A sua morte precoce é o equivalente de uma ascensão. É de um lugar *sem morte* (e mesmo imortal) que Reis ou Campos o invocam. É de lá que Pessoa o faz descer (depois de morto) na hora em que a realidade inteira se lhe converteu em ficção total, hora propícia entre todas para outorgar realidade à ficção que salva.

Enquanto *mito*, Caeiro é o centro do universo de Pessoa. Ou melhor, é invenção de um *centro* para um universo sem ele. Se é possível ao homem inserir-se no universo com a naturalidade de um rio ou de uma árvore — sem dor, nem culpa, nem temor nem angústia — não há mistério algum senão o haver gente para quem o mistério existe. Desta ironia voltada para lado nenhum vive Caeiro. O mistério das coisas é uma má leitura da realidade delas que não têm outra senão o ser reais. Infelizmente, essa inserção plena da realidade humana no universo que é inversamente a do universo na realidade humana, *inserção já efectuada* pela nossa existência (e este é no mundo sem mistérios o supremo enigma) é-nos paradoxalmente inacessível. As "nossas sensações já viram Deus" mas há muito que perdemos o fio que nos estabelecia na sua verdade inefável. O que chamamos "pensamento" e a "linguagem" em que a sua unidade se quebra para se exprimir constitui o véu mais pesado que da "realidade" nos separa. A tarefa sobre--humana (por humana) não é "pensar" — processo de converter o universo em objecto e dele nos afastarmos sem fim — mas *não-pensar*, processo interminável de *desaprendizagem*, capaz de nos libertar da convicção ilusória mas fatal de que a "linguagem diz o ser".

O ser, precisamente, *não pode ser dito* sem no dizer dele se obscurecer e perder. É-nos necessário reverter para esse *espaço anterior* ao surgimento de um "eu" diferente de um "mundo" e de um "mundo" diferente de um "eu". Tal é a ambição única de Pessoa cuja expressão mitificada seria Caeiro — ou para ele, Caeiro — se este último não fosse como é *a aspiração* e não a concretização dessa aventura ontológico-mística. Tal é a significação profunda da afirmação de Caeiro de que não há mistério e nisso é que reside o mistério. Sob Caeiro perfila-se a pura e luminosa sombra de Espinosa: toda a determinação é negação. Caeiro não é o simplista afirmador da única realidade das "sensações", mas da *verdade* delas que nelas não está senão já traída. E para além de Espinosa encontramos uma das mais subtis e complexas visões da realidade jamais expressas: a que o taoísmo representa. O *tao* é o não dizível e toda a sabedoria humana, sabedoria do espírito e do coração, em mais nada consiste que na recuperação dessa zona indizível sem a qual tudo nos escapa.

Pessoa não explicou nunca o processo através do qual *decaímos* (como linguagem e pensamento) dessa realidade de que estamos separados acaso ilusória, mas dolorosamente. Mas não há dúvida que a sua visão nesse capítulo é de estrutura neoplatónica, de que o ocultismo é, por assim dizer, a tradição imagística e popular. A visão ocultista constitui o *segundo pólo mítico* do universo poético e mental de Pessoa, segundo na ordem da criação poética original, primeiro na ordem do tempo e na da duração. Não há dúvida alguma: *a única constante* da actividade imaginária de Pessoa é a que tem como centro a visão ocultista da realidade. Ela forma com Caeiro um só processo dialéctico. À inacessibilidade empírica do ser, a que a ascese gnoseológica de Caeiro põe ficticiamente termo, corresponde a viagem imaginária naquele espaço que visto do horizonte onde a ideia de realidade impera é o espaço da ilusão. Apreendidas no seu ser-ideal, a visão--Caeiro e a visão-Rosacruz são polares e numa se nega o que na outra se afirma e vice-versa. Mas uma e outra são visões-limite, projecções em sentido oposto, de uma única atitude: a de um espírito que não pode resignar--se à pura aceitação da positividade do mistério que toma a existência um teatro de sombras, nem à pura positividade sem mistério do universo que deixa na sombra a realidade da nossa inquietação sem fim. Caeiro e Rosacruz são as duas formas *míticas* de existência que Pessoa concebeu. Das duas foi a mais antiga a que finalmente prevaleceu como, com irrefutável evidência, o manifesta a derradeira questão do questionador absoluto: "amanhã o que virá", mas na arquitectura do seu mundo poético é impossível distinguir a sombra de uma da luz da outra.

Do relevo mítico de Caeiro já dissemos o suficiente. Reis e Campos, existências muradas no tempo ou glosa da temporalidade, vivem da troca dos seus olhares com o olhar impassível do Mestre, naturalmente *eterno*, como um deus antigo, que não era outra coisa que divina existência, quer dizer, sublimemente natural. Reis e Campos recortam-se na distância que separa a existência submetida ao tempo da existência sem morte que somos no mais profundo de nós mesmos sem ter alma para a poder ser. O retoque último do mito-Caeiro é dado por Campos no poema mais revelador da sua essência trágica e impotente:

> Mestre, só seria como tu se tivesse sido tu.
> Que triste a grande hora alegre em que primeiro te ouvi!
> ....
> Prouvera ao Deus ignoto que eu ficasse sempre aquele
> Poeta decadente, estupidamente pretensioso
> Que poderia ao menos vir a agradar,
> E não surgisse em mim a pavorosa ciência de ver.
> Para que me tornaste eu? Deixasses-me ser humano![2]

2   *Ibid.*, p. 332.

Na luz final de Campos (que é a mais próxima do Pessoa sem ficção nenhuma) mesmo a recordação do Mestre se tornou um fardo difícil de suportar. Não é possível marcar melhor a distância que separa as duas ficções que ambos representam. Nem o mito-Caeiro nem a ficção-Campos são resposta para o que a não tem em Pessoa. Apesar de tudo, é em volta de Caeiro que o maior dos seus discípulos faz o balanço do seu fracasso que só o é, verdadeiramente, porque *a realidade* de que Caeiro é aspiração se tornou definitivamente inacessível. Enquanto Caeiro integra o seu mundo ideal, a sua *inumanidade* grandiosa e divina, cresce a luz do mistério nunca olvidado, a árvore-rosacruz, mais acolhedora e maternal na sua função de negadora da aparência do mundo do que a Natureza do "guardador de rebanhos", que nem Natureza é.

A poesia ocultista cobre o espaço inteiro da vida e da obra de Pessoa. Merece, só por si, um livro que ainda ninguém escreveu[3]. Subscreve-a, como coisa própria, *Fernando Pessoa* e isto podia incitar a deixá-la de fora do mundo autónomo da ficção heteronímica. Seria um erro. Em beleza, coerência e autoconsciência, a poesia ocultista foi a primeira grande manifestação do génio poético de Pessoa. Referimo-nos à que traz a marca iniludível de uma visão precisa na sua imprecisão e não aos laivos ou sobras de ocultismo caídos do grande banquete do simbolismo onde já havia jogado o seu papel, e de que são exemplo versos como os da *Hora Absurda:*

---

3   V. nota R no fim do volume (p. 259). [Hoje é a fixação ocultista uma das linhas predominantes da exegese de Pessoa. Destacam-se nesse sentido os estudos de Yvette Centeno e Max Hölzer.] Nota de 1980.

Não sei... Eu sou um doido que estranha a sua própria
alma...
Eu fui amado em efígie num país para além dos sonhos...[4]

É ainda desse banquete e dessas sobras, mas agora admiravelmente transfiguradas, que se alimenta a mais bela
poesia de *Passos da Cruz* (1913). Não custaria muito assimilar à visão ocultista consciente de si mesma algumas
das puras maravilhas dos seus sonetos mais célebres
("Ó tocadora de harpa", "Venho de longe e trago no perfil", etc.) e em especial:

> Aconteceu-me do alto do infinito
> Esta vida. Através de nevoeiros,
> Do meu próprio ermo ser fumos primeiros,
> Vim ganhando, e através estranhos ritos
> De sombra e luz ocasional, e gritos
> Vagos ao longe, e assomos passageiros
> De saudade incógnita, luzeiros
> De divino, este ser fosco e proscrito...[5]

que mais parece uma alegórica transposição da famosa
"processão" neoplatónica. O conjunto dos poemas não
autoriza essa assimilação tentadora. A sua lógica interna
pertence à imagística do simbolismo e não oferece a coerência irrefutável de uma visão como a que articula *"Sobre
o Túmulo de Christian Rosenkreutz"*, *À morte de Sidónio Pais*,
Mensagem e um sem-número de pequenos poemas ortó-

4 O. P., p. 39.
5 *Ibid.*, p. 54.

nimos como *Iniciação*, *Eros e Psique*, *Maga*[6] ou "Neste mundo em que esquecemos".

Não há em toda a poesia de Fernando Pessoa *nada mais afirmativo* que a pulsão ocultista. *Passos da Cruz* não se alimenta dela, mas apenas da interrogação estática, vagamente resignada e perplexa na sua oscilação aberta, característica da maior parte da poesia ortónima. Só no plano *decididamente mítico* Pessoa "afirma". Polemicamente, em Caeiro, e por isso mesmo a afirmação da realidade do real esconde bem pouco a dúvida profunda sobre ela contra quem nasce; calma, e como que visionariamente reflexa, em Pessoa-Rosacruz, quer na sua face pura, quer na sua face místico-patriótica. Só no sonho, clara e lucidamente visado como sonho, Pessoa encontrou o fictício e real repouso por que sempre almejou. Nesses campos elísios sem aparições, espaço propício às sucessivas e infindáveis "desmaterializações" que da aparência grosseira nos reenviam à forma do nosso "ser primeiro", a imaginação da ausência de Pessoa dá livre curso à sua vontade de anulação deste mundo e desta existência cujo ser é co-existente com a dor, o mal, o pecado. Mas uma vez mais ainda, o que realmente interessa não é a justeza da experiência ocultista ou a perfeição do cenário em que Pessoa a traduz, mas o seu lugar no "drama em gente" de que, na aparência, não faz parte.

A visão ocultista partilha com a de Caeiro a sua idêntica função *iniciática*. O que em Caeiro é "desaprender" da linguagem que nos mente o mundo é na perspectiva rosacruciana abandono das "nossas vestes". Só o sentido do percurso é inverso, mas por isso mesmo complementar.

6   V. nota S no fim do volume (p. 260).

EDUARDO LOURENÇO

É a inesgotável irrealidade do real que a morte nega introduzindo-nos em formas cada vez mais profundas de *existência* até àquele ponto em que a nossa ficção e a nossa realidade se anulam e nós descobrimos ou tocamos enfim a evidência da nossa condição *divina:*

> Não dormes sob os ciprestes,
> Pois não há sono no mundo.
> ....
> O corpo é a sombra das vestes
> Que encobrem teu ser profundo.
>
> Vem a noite, que é a morte,
> E a sombra acabou sem ser.
> Vais na noite só recorte,
> Igual a ti sem querer.
> ....
> Por fim, na funda caverna,
> Os deuses despem-te mais.
> Teu corpo cessa, alma externa,
> Mas vês que são teus iguais.
> ....
> Neófito, não há morte[7].

A visão ocultista permite a Pessoa integrar positivamente o obstáculo des-realizante por excelência, a morte, não como nova forma de um enigma sem cessar mais impenetrável e temível por nele se resumir toda a pulsão auto-culpabilizante que o habita (como nos "terrestres" Reis e

7   O. P., pp. 93-94.

226

Campos), mas como transparência suprema e supremo repouso. Só nessa luz imaginária, o nó górdio do espírito de Pessoa se desata e pode conciliar o sonho de Caeiro de ser "voz da terra" e o de Campos, grito de pavor diante do desconhecido:

> A morte é a curva da estrada,
> Morrer é só não ser visto.
> Se escuto, eu te oiço a passada
> Existir como eu existo.
>
> A terra é feita de céu.
> A mentira não tem ninho.
> Nunca ninguém se perdeu.
> Tudo é verdade e caminho[8].

O que Caeiro *é* aquém da morte, Pessoa-Rosacruz melhor o concebe nesse espaço do inimaginável que só a morte — mais processo que acontecimento pontual — entreabre. É na forma de extrema sublimação do seu sentimento de irrealidade e de inexistência (de si mesmo e do mundo) que finalmente se cumpre para Pessoa a vocação unitária e divina (na sua solitude inexpugnável, mas partilhada) da condição humana. O que significa que é enquanto *ocultista* — visão a que possivelmente aderiu com o máximo de convicção compatível com a sua natureza — que todas as contradições assumidas pelas suas plurais e fictícias existências são elevadas ao seu grau de incandescência e perplexidade supremas.

---

8   *Ibid.*, p. 93.

Que o carácter *peremptório*, acentuado muitas vezes pela forma gnómica de grande parte da sua poesia ocultista, não nos engane. É do interior da sua visão, plasmada com sumptuosa solenidade nos poemas "No Túmulo de Christian Rosenkreutz" que irrompe a mais profunda interrogação que jamais Pessoa dirigiu ao enigma do seu destino. Se a vida é sonho, se o corpo é a última metamorfose de um processo de afastamento que de degrau em degrau nos separou da única realidade, se aquilo que assim chamamos é pura ilusão e não podemos nunca tocar com mãos de sombra mais do que sombras, se, enfim, murados na nossa própria realidade só da sua ficção nos alimentamos, por que motivo essa condição sideral de isolados nos é um sofrimento infinito? E sobretudo, como é possível que penetre na prisão que somos e onde estamos, um eco dessa realidade — um eco verdadeiro — de que tudo parece separar-nos e a que só naturalmente acedemos pela consciência da sua falta? Que segredo é esse que o silêncio de Christian Rosenkreutz esconde?:

> Ah, mas aqui, onde irreais erramos,
> Dormimos o que somos, e a verdade,
> Inda que enfim em sonhos a vejamos,
> Vemo-la, porque em sonho, em falsidade.
>
> Sombras buscando corpos, se os achamos
> Como sentir a sua realidade?
> Com mãos de sombra, Sombras, que tocamos?
> Nosso toque é ausência e vacuidade.

Quem desta Alma fechada nos liberta?
Sem ver, ouvimos para além da sala
De ser: mas como, aqui, a porta aberta?[9]

A última e mais profunda visão de Pessoa não é a do eterno indiferente que na mesma noite confunde verdade e mentira, ficção e realidade, oferecendo uma alma igual ao caos aparente em que umas e outras são reversíveis. Nem a do *jongleur* ou mestre do paradoxo óbvio que subverte gratuitamente a ordem dos pensamentos e dos valores, trocando-lhes os sinais com que a eles nos referimos. Na sua desolação abissal, no castelo onde se encerrou, ou a vida o encerrou, o Poeta é essa *escuta da palavra única* onde a alma se liberta, desse ser de que se sabe separado e cuja separação agoniza. Ser ausente que como ausência mesma se define, invadindo o espírito e colorindo o universo de um inexpugnável "sem sentido" e, todavia, *misteriosamente presente*. De todos os tormentos, o mais indizível e apavorante foi para Pessoa aquele que nessa intuição se esconde: o de que o seu *drama*, a sua aventura do "mistério feito carne" tivesse sido só o *de tragicamente ter tido necessidade de fechar sobre si as portas de uma realidade que não podem existir senão abertas.* É absurda, em si, a realidade, ou só a relação que por ignorância, falta ou ausência de fé e de esperança nós estabelecemos com ela?

A sua vocação foi a de levar a cabo a travessia da noite que encontrou já instalada na rua da aventura interior da humanidade ou que descobriu em seu próprio coração

9   *Ibid.*, pp. 122-123.

mortalmente ferido. Mas não o pode tentar senão porque no mais profundo e inconfessado de si mesmo *a porta estava aberta,* possibilitando o combate com o absurdo e a noite. Essa *abertura* no seio da opacidade e da solidão à primeira vista totais da nossa existência é talhada nele pelo *verbo poético.* Por isso mesmo a mais constante das suas agonias de cantor da noite ou da irrealidade do mundo é a que tem por corpo a poesia mesma. A sua existência, só por si, significa que o nosso *corte* com a palavra que o ser pronuncia — verdade do ser e ser da verdade — não é incomensurável. Encontrar maneira de conjugar a palavra dolorosamente fechada da consciência solitária e a palavra silenciosa e aberta da realidade constitui o escopo único da sua aventura. A sua poesia é o lugar do diálogo entre ambos. Mas só no plano *mítico* (natural em Caeiro, transnatural em Pessoa-Rosacruz) a *abertura* confessadamente se reconhece e jamais numa plenitude ou numa claridade que tomaria sem sentido o *enclausuramento* e a consciência da absurdidade essencial da vida que tão fundo exprimem em contenção e amargura Reis e Campos. O lugar geométrico da ambiguidade e da oscilação entre o plano mítico-fictício e o plano fictício-temporal é ocupado por Fernando Pessoa ortónimo. Nele se acena para Caeiro:

> O rio corre, bem ou mal,
> Sem edição original[10].

ou para Campos ou Reis:

10 *Ibid.*, p. 120.

Os deuses vão-se como forasteiros.

....

Ah, dormir tudo! Pôr um sono à roda
Do esforço inútil e da sorte incerta![11]

mas não menos se retoma, elevando-a ao máximo de aceitação e "positividade" que nela Pessoa investiu a essência
mesma da sua visão ocultista do mundo, num poema de
singular mestria e claridade:

> Neste mundo em que esquecemos
> Somos sombras de quem somos,
> E os gestos reais que temos,
> No outro em que, almas, vivemos,
> São aqui esgares e assomos.

> Tudo é nocturno e confuso
> No que entre nós aqui há.
> Projecções, fumo difuso
> Do lume que brilha ocluso
> Ao olhar que a vida dá.

> Mas um ou outro, um momento,
> Olhando bem, pode ver
> Na sombra e seu movimento
> Qual no outro mundo é o intento
> Do gesto que o faz viver.

---

11   *Ibid.*, p. 125.

E então encontra o sentido
Do que aqui está a esgarar,
E volve ao seu corpo ido,
Imaginado e entendido,
A intuição de um olhar.

Sombra do corpo saudosa,
Mentira que sente o laço
Que a liga à maravilhosa
Verdade que a lança, ansiosa,
No chão do tempo e do espaço[12].

É de 1934 este poema e ele basta — mesmo se de *Mensagem* não nos lembrássemos — para assinalar a seriedade e a permanência da "visão oculta" de Pessoa que, sem paradoxo, é a única de onde filtra *uma luz não recusada por excessiva*, como a de Caeiro, fonte dos desesperos complementares de Reis e Campos. Não é no campo demarcado pela *heteronímia* que podem ser traçadas as clivagens essenciais do mundo poético e existencial de Pessoa. As *duas almas* que intensa e contraditoriamente foi são aquelas que investiu nesta *maravilhosa verdade* de uma ultra-existência menos além da morte que *fora dela,* de que a nossa existência empírica é "o esgar e o assomo" e na não menos maravilhosa verdade de Caeiro, que não precisa de se erguer a essa ultra-existência por já nela *estar* e *sê-la.* O laço dialéctico entre elas é notório pois Caeiro nasce para pôr termo a essa eterna fuga da consciência diante de si mesma que nunca permitirá a conciliação da nossa essência pensante e da nossa existência inconsciente.

12 *Ibid.*, p. 113.

Mas esse laço não deve fazer esquecer que essas duas *verdades* (que só o são como "mito") são *inconciliáveis*. O poeta que agoniza em Campos, até ao vómito de si mesmo, a "alta e luminosa" verdade-Caeiro — *quer dizer, a impossível abolição do intervalo que separa consciência e inconsciência* — é o mesmo que neste poema e em todos onde a visão ocultista está presente se oferece um espaço de paz imaginário e de transcendente salvação.

É inútil pensar que haja ponte verdadeira entre um e outro. Se houvesse, *o drama em gente,* e não só em poetas, e menos ainda em poemas, não existiria. É necessário deixar Pessoa à sua chaga aberta, à sua inconciliação irresolúvel e, em todo o caso, por ele nunca resolvida. Também não há simetria na função que desempenham o mito-Caeiro e a visão ocultista. A visão ultra-imanente (o ideal-paganismo) a que Pessoa destinou Caeiro cumpre o papel de neutralizar e tornar sem sentido *a culpabilidade* fabulosa que assumiu em dado momento da sua história íntima: ver-se em *não-consciência* e libertar-se do "olhar" medusante que lhe é congenital é a mesma coisa. A visão ultratranscendente é aceitação dessa mesma consciência tornada ultraconsciente e ao termo de um processo que se assemelha ao de Joseph K. às avessas, desculpabilizada pela visão, enfim recíproca, desse olhar dos outros (os deuses) que descobre seus iguais. Dos dois modos míticos de resolver a sua questão essencial, só o último lhe foi, *subjectivamente,* libertador. Subjectivamente, pois Pessoa não viveu trinta anos de meditação nos limites do nomeável e da loucura lucidamente enfrentada para se entregar de olhos fechados a *uma* solução. Não foi por acaso que a sua "mala do ser" não foi por ele arrumada. A seara que lhe estava destinada há muito havia amadurecido mas o seu criador, ceifeira eternamente suspensa entre

a alegre inconsciência e a consciência disso,

não descobriu maneira de unir a noite misericordiosa de uma à luz exigente da outra. Não regressou ao paraíso. Não foi para a morte como para uma festa ao crepúsculo. Não tirou na hora extrema, que se saiba, máscara alguma pois, ao fim e ao cabo, não as usou nunca. Ele fora essas máscaras todas e com elas atravessou a porta dos limites de onde sem elas irónica e dolorosamente nos contempla. A sua palavra de passe diante desses deuses que tanto invocou para se invocar foi ainda palavra arrancada à terra da indecisão da sua alma, homenagem derradeira ao "tudo ou nada" desse mistério de existir a que como ninguém sacrificou a vigília imortal do seu espírito:

I know not what tomorrow will bring[13].

Morreu *em inglês* aquele que foi uma espécie de aparição fulgurante descida de brumas culturais alheias ao nosso desterro azul, para nele inscrever em portuguesa língua o mais insubornável poema jamais erguido à condição exilada dos homens na sua própria pátria, o universo inteiro.

LUCHON — NICE,
Agosto-Setembro de 1973

13 Citada por Jorge de Sena na admirável evocação do ambiente familiar e cultural de Fernando Pessoa — *Vinte e cinco anos de Fernando Pessoa* — in *O Poeta é um Fingidor*, ed. Ática, p. 84.

NOTAS

A A imagem *negativa* a que nos referimos nada tem que ver com o reconhecimento público e reiterado da "grandeza" do Poeta. Nem sequer com a atitude que os exegetas por nós nomeados geralmente tomaram em relação ao "valor" dos poemas. Refere-se à ideia que nos é por eles inculcada, quer a respeito do processo criador de Pessoa, perspectivado como insincero, inautêntico, artificial ou gratuito, quer do sentido último dessa mesma criação. Nada melhor que exemplificar com os textos dos críticos aludidos. Comecemos por João Gaspar Simões:

> E o F. P. de seis anos... de facto para todo o sempre, "o menino de sua mãe", sentindo que não o era... perdeu a ternura que tinha, tornando-se... pelo menos, frio mistificador, essa espécie de "palco" impessoal, intemporal e abstracto, onde começa a representar-se o estranho drama da sua criação poética. [p. 36 do 1.º vol. de V. O.]
>
> Por demais falámos já da natureza artificial da mentalidade do poeta da *Mensagem*. É sabido que a sua naturalização tardia, após uma formação mental em ambiente de estufa, determinou em F. P. uma espécie de desintegração de qualquer meio social concreto que lhe desse uma base de experiências natas neutralizadoras da

propensão do seu espírito para tudo raciocinar. Pessoa era, por temperamento e educação, um espírito abstracto —, um idealista que teimava em não renunciar a uma concepção materialista fundamental do mundo. Hegeliano se proclama num dos seus artigos de *A Águia*... [*Ibid.*, p. 142.]

Só aí, na abstracção e na lógica formal, F. P. se sente à vontade. É aí que efectivamente encontra a atmosfera necessária para o respirar dos seus pulmões mentais ávidos de altitudes onde a pureza do ar não sobrecarregue a sua capacidade dialéctica com particularismos e excepções, inimigos da marcha demasiado fácil da inteligência que se basta a si própria. [*Ibid.*, p. 152.]

Mais inteligente que intuitivo, mais intelectual que místico, não obstante místico, não obstante intuitivo, mais consciente que espontâneo, não obstante espontâneo, mais cerebral que emotivo, não obstante emotivo, e, por sobre tudo isso, incerto ainda quanto aos imperativos da sua personalidade, personalidade de formação artificial ou de estufa, formação esta agravada por uma *transplantação* recente, ou uma recente "naturalização", assim que se viu de posse do esquema mental daquilo que ele intuía como devendo ser a poesia que aspirava realizar — passou a compor os seus versos fiel à estética enunciada. [*Ibid.*, p. 187.]

Embora, intelectualmente, reconhecesse um "Além" a todas as coisas, e, por conseguinte, um sobrenatural subjacente ao mundo e à vida, emocionalmente era uma natureza cerrada, fria, sem fendas na razão que lhe permitissem *sentir* o mistério independentemente de *o pensar*. [*Ibid.*, p. 191].

De facto, no fundo do "cubismo", do "futurismo", do "expressionismo", do "dadaísmo" e, mesmo, do "super--realismo", ainda então inexistente, juntamente com a sincera procura de novos rumos e novas significações para a expressão da alma humana, há uma relativa dose de insinceridade, seja o que for de mistificação, coisa, aliás, perfeitamente explicável, como veremos mais tarde. Ora era isto mesmo que avultava no movimento do *Orpheu*, especialmente, repito, na atitude de Fernando Pessoa. [*Ibid.*, p. 218.]

Quem aí aparece pela primeira vez é Violante de Cisneiros, "anónimo ou anónima, que diz chamar-se" — mistificação, sem dúvida inspirada por F. P., em plena fase mistificadora da criação dos heterónimos. [*Ibid.*, p. 223.]

A doença era muito mais profunda que F. P. imaginava. Tinha raízes nas suas vísceras rácicas: era um mal de sangue. [*Ibid.*, p. 236.]

F. P. não o diz, mas di-lo-emos nós: esse "drama em gente", como ele próprio o designou, por ele mesmo ensaiado, montado e encenado no palco da sua própria existência de criador literário, é a sua primeira prova de fraqueza no caminho para a realização da profecia que ousara fazer nas páginas da revista portuense. Com efeito, a crise dos heterónimos é, de facto, uma verdadeira crise: está intimamente relacionada com a consciência que F. P. tinha nessa época daquilo a que Max Nordau lhe ensinara a considerar "degenerescência", mas que, quanto a nós, no seu caso, não era senão, em grande parte, a fatal condição de lírico que acorrenta todos os portugueses à sua raça, e ao seu solo. [*Ibid.*, p. 244.]

EDUARDO LOURENÇO

[...] do seu verdadeiro génio — o qual era português, e, como tal, irremediavelmente lírico, irremissivelmente subjectivo, fatalmente incompleto. [*Ibid.*, p. 248.]

Quer dizer: os heterónimos, sendo como são, uma mistificação, representam, afinal, na ética literária de F. P. e na sua metafísica, uma das mais sérias manifestações de sinceridade de que ele foi capaz em vida. Por não saber harmonizar a *sinceridade* que a poesia exige com a *insinceridade* que viver implica é que F. P lançou mão, afinal, do expediente *insincero* dos heterónimos. [*Ibid.*, p. 257.]

É neste ponto, contudo, que a *sinceridade* de Alberto Caeiro se nos apresenta condicionada, restrita, desumanizada. Sim, "desumanizada". Não podemos aceitar a sinceridade do autor dos *Poemas Inconjuntos* — outra série dos seus poemas — no plano em que aceitamos a *sinceridade* de certos passos da poesia de Álvaro de Campos ou mesmo da do próprio Fernando Pessoa. E isto pela simples razão de que o nosso conceito de sinceridade — o conceito de sinceridade que a nós, crítico e biógrafo importa — é outro: é o conceito de sinceridade que está na linha que liga a inspiração à vida, a criação à existência, a poesia à biografia. [*Ibid.*, p. 259.] Erguendo-se da mistificação "paúlica" à ficção Alberto Caeiro, F. P, à míngua de uma experiência humana, susceptível de preencher o continente formal da sua talentosíssima faculdade de poeta (e F. P recusar-se-á ainda algum tempo a reconhecer o tema verdadeiramente humano da sua obra: a saudade da infância), decide-se a preenchê-lo com a sua já intensa experiência crítica. Alberto Caeiro, como, aliás, o disse já *aparece* a F. P como "crítico" desse "transcenden-talismo panteísta" que ali-mentara a fase "saudosista" e "paúlica" da sua poesia. E, assim, intelectual como é, ou, mesmo, livresca, como é, se quiserem, a poesia de Caeiro não deixa de manter ligações com a biografia do profeta do "super-Camões", relacionada como está com a sua evolução de homem e de poeta. [*Ibid.*, p. 260.]

Creio que quem se confessa intrinsecamente simu-lador, como o poeta de *Pauis* mais de uma vez se confes-sou, não pode considerar-se abusivamente interpretado quando o tomam à letra. [*Ibid.*, p. 261.]

E eis-nos, de novo, no ponto de partida: não é então sincera a poesia de Alberto Caeiro? Sem dúvida que o é. Se o não fosse, ser-nos-ia impossível senti-la como a sentimos — expressão de uma alma humana. Mas a ver-dade é que a poesia de Alberto Caeiro apenas é expressão de uma obra humana enquanto é essa mesma glosa de um pensamento crítico-poético profundamente expressivo da crise em que se concretizou. [*Ibid.*, p. 263-264.]

Em *O Guardador de Rebanhos* o homem que se debruça por cima do ombro do A. C. fictício parece todo empenhado em dar razão aos versos que está escre-vendo — e esses versos, na sua generalidade, são ver-sos realmente críticos e frios, versos substancialmente intelectuais, versos em que se prolonga ainda o próprio "interseccionismo" — fase puramente literária contra a qual os mesmos poemas de *O Guardador de Rebanhos* procuram reagir. [*Ibid.*, p. 265.]

No entanto, antes de travar conhecimento com Alberto Caeiro, Álvaro de Campos guardava as impres-sões digitais de F. P., o F. P. "paúlico-interseccionista".

Pelo menos assim gostava de fazer acreditar o autor desta genial mistificação do "drama em gente"... [*Ibid.*, p. 272.]

Em verdade, Álvaro de Campos, de entre os três heterónimos fundamentais do "drama em gente", é o mais laboriosamente fabricado. [*Ibid.*, p. 273.]

Álvaro de Campos é, em verdade, o mais simulado dos heterónimos de F. P e de entre todos o mais mistificadoramente concebido. [*Ibid.*, p. 276.]

Na verdade, F. P fora educado "sob o influxo de uma grande cultura estrangeira", como Álvaro de Campos. Mas o certo é que essa "grande cultura estrangeira" estava no seu espírito sob forma livresca enquanto que em A. de C. *tinha de estar* sob uma forma vivida. Europeu e civilizado, A. de C. devia mostrar um ar de civilização: um europeísmo como que físico, digamos assim, europeísmo esse que F. P, por mais que fingisse, seria incapaz de simular... E que F. P enquanto A. de C. — o A. de C. entre 1914 e 1916 — foi o mais provinciano dos nossos escritores. [*Ibid.*, p. 277.] A verdade é que F. P não conhecia a civilização — nunca visitara a grande Europa, nunca vira uma grande cidade. E que não fizera uma coisa nem outra patenteia-se claramente na *Ode Triunfal,* na *Ode Marítima* e na *Saudação a Walt Whitman* — isto é, na fase "civilizada" de A. de C., no seu rompante "europeu" ultracivilizado, *fumiste, snob* do dinamismo moderno, da força, da celebridade, da vertigem, do esplendor material das grandes metrópoles e da civilização moderna. [*Ibid.*, p. 278.]

"A poesia, a substancial e verdadeira poesia, apenas transparece de longe em longe, quando A. de C., exausto do fingimento a que penosamente se condena poisa o pé na realidade Pessoa, a qual, naquele momento, à míngua de densidade emocional adulta, transborda de reminiscentes emoções infantis. E, na verdade, entre os trovões e os relâmpagos verbais do A. de Campos das *Odes* e da *Saudação* — relâmpagos de magnésio, trovões de matraca e coriscos de cenografia — que se levanta, de onde em onde, a voz pura do homem que se recorda, saudoso e comovido, da infância feliz.

[...] Foi preciso que F. P., depois de ter passado pelas lucubrações antimetafísicas de Alberto Caeiro, conhecesse os gritos histéricos de A. de C., para descobrir, timidamente ainda, que "le génie n'est que l'enfance nettement formulée, douée maintenant, pour s'exprimer, d'organes viriles et puissants" como escrevera Charles Baudelaire. Tardaria, porém, alguns anos ainda a deixar-se penetrar pela profunda verdade deste aforismo. Isto é, tardará a vida inteira, pois o certo é que se negará a reconhecê-la até ao fim dos seus dias. [*Ibid.*, p. 279.]

Grandes empreendimentos retóricos — feéricos jogos de palavras e arrebatadoras associações de imagens — a *Ode Triunfal*, a *Ode Marítima* e a *Saudação a Walt Whitman* têm um lugar único da poesia portuguesa, mas não como verdadeira poesia, apenas como *record* de virtualismo e de mistificação verbal. [*Ibid.*, p. 286.]

Esta massa de transcrições pareceu-nos necessária por dois motivos: (*a*) assinalar a coerência intrínseca, a constância de um ponto de vista que embebe 700 páginas de texto (limitámo-nos ao 1.º vol.) e refrescar a memória de antigos leitores a respeito de um livro que nos parece não ter sido nunca lido (no bom e menos bom que contém) com a atenção que merece; (*b*) aproveitar a ocasião para sublinhar que a quase totalidade das *imagens* e dos *juízos* que correm mundo, quer sob pena nacional ou estrangeira, dependem estreitamente ou são um eco da visão e análise de João Gaspar Simões, visão que está longe de ser de ordem *biográfica* como os ingénuos imaginaram, pois envolve, senão supõe, de começo a fim, um juízo estético perfeitamente articulado e, mau grado incoerências de detalhe, orgânico e conforme às teorias do seu autor. Sobre *Vida e Obra de Fernando Pessoa* exarou Casais Monteiro um veredicto célebre: "É o mais sensacional malogro, não só da 'carreira' de Gaspar Simões, como da crítica contemporânea." Na nota F. [p. 252] expomos as reservas que julgamos justas em relação a este juízo abrupto, provocado pela decepção normal em quem esperava do companheiro de geração uma imagem de Pessoa (e sobretudo da sua poesia) de outra qualidade e fundura. Um juízo mais moderado — embora bastante crítico — em relação à *Obra* de G. Simões é o que se encontra sob a pluma de Pierre Hourcade: *À Propos de Pessoa* — Lisbonne-1952.

Pelas cautelas, sentido das cambiantes, perspectiva em que se coloca, a exegese de Jacinto do Prado Coelho difere da de João Gaspar Simões, mas há entre ambas muitos pontos de contacto o que é, em si mesmo, importante. Em que medida houve contaminação entre os dois autores é problema histórico que aqui não curamos. Limitemo-nos a algumas citações de Jacinto do Prado Coelho:

Cerebral e retraído, inimigo da expansão ingénua, F. P. concebeu o projecto de se ocultar na criação voluntária, *fingindo* indivíduos independentes dele — os heterónimos —, e inculcando-os como produtos de um imperativo alheio à sua vontade: eles o teriam forçado a escrever, na atitude submissa do *medium*, a poesia heterónima. Mas *como esconder um homem?*. [P. 9 (prefácio) de *Diversidade e Unidade de Fernando Pessoa*, Ed. da Revista do Ocidente, Lisboa, 1949.]

A verdade, porém, é que tal depuração (aliás realizada também na poesia ortónima pelo que há nela de transposto, de *fingido*) não foi tão longe que Caeiro ou Campos se apresentem nitidamente coerentes, inteiriços.

Há dois Caeiros, o poeta e o pensador, sendo o primeiro que em teoria se desdobra no segundo. [*Ibid.*, p. 11.]

Mas o estilo de Caeiro, pobre de vocabulário, predominantemente abstracto, incolor, discursivo, de modo algum se prestava à descrição pictórica impressionista, fiel à individualidade das coisas. Em Caeiro o pensador, o "raciocinador" suplanta o poeta; eis o que se induz do próprio estilo.

Aqui está: Pessoa, ao forjar Caeiro, partiu de uma imagem mental "de uma atitude apenas vivida pela inteligência". [*Ibid.*, p. 14.]

Reis, como Caeiro, é expressão abstracta de um modo de conceber e sentir a vida. [*Ibid.*, p. 24.]

Nos catorze sonetos de *Os Passos da Cruz*, afirma-se a inquietação metafísica de P. num estilo ainda extravagante mas cada vez mais sóbrio e mais nítido, a estabelecer a transição para a outra *maneira*. [*Ibid.*, p. 27.]

O autor da *Mensagem* singulariza-se como um épico *sui generis*, introvertido, cantor, sem tuba ruidosa, de miríficas irrealidades. [*Ibid.*, p. 30.]

Ao *posar* perante a crítica, decerto de olhos em alvo na posteridade, bem se compreende que esse homem justamente orgulhoso e por natureza retraído procurasse, mais uma vez, tirar partido do seu génio de simulação. Desta vez, porém, o disfarce ficou a meio do caminho. Se P. garantiu que foi forçado mediunicamente a escrever em nome de Caeiro, Reis ou Álvaro de Campos, revelou, por outro lado, quanto havia de cálculo, de sábio artifício, nas criações heterónimas. [*Ibid.*, p. 99.] Aqui temos mais um paradoxo: sob determinado prisma, uma poesia tão carregada de humanidade dolorosa surge-nos como exercício, como jogo de espírito. Tendo renunciado a *converter-se,* P. *diverte-se* a cultivar, isolar, tirar as últimas consequências dos cambiantes ou antinomias nele observados. [*Ibid.*, p. 120.]

Fruto, em larga medida, da reflexão (como a de Antero, cujo pensamento, aliás, é mais articulado), a sua poesia, entendamo-nos, enquanto se revela cerebral não nasce de uma fria inteligência discursiva, pois neste caso nem chegaria a ser poesia, mas sim de uma "inteligência de aprofundamento" que o próprio P. definiu ao comentar *Ciúme* de António Botto — uma inteligência intuitiva que "busca ir até ao fundo das coisas, à alma e essência dos seres" e cujas íntimas vibrações se comunicam às palavras do artista. [Prefácio da 2.ª ed., p. xii da 3.ª ed. de 1969.]

Uma ambiguidade profunda, um mal-estar evidente provocado pela Obra de P., no seu conjunto, é o que parece poder dizer-se justamente de uma larga citação das *Notas* acrescentadas à última edição (1969) de *Diversidade e Unidade em F. P.*:

Já agora, apresento brevemente as razões de não-adesão. O pedagogo, o condutor de almas é, no meu entender... um homem generoso, aberto, convicto, confiante, sempre em contacto com as realidades concretas, embora de olhos postos num ideal que concilie felicidade e plena responsabilidade. Não, como Pessoa (não me refiro à "personagem" em carne e osso, mas àquele que se desprende da sua obra), um abúlico, um frustrado (no amor e no conhecimento), que se autodefine como histeroneurasténico, um ser "virado para dentro", ao mesmo tempo céptico e supersticioso, virtuoso de demonstrações lógicas a partir de sofismas, de paradoxos para *épater*, anticristão, indiferente às dores provenientes das injustiças sociais, "intransitivo" (no dizer de Gilberto de Melo Kujawski), incapaz de entrega..., incapaz de sensualidade e de emoção para dar à vida, pois todo se concentrou na criação estética; nacionalista teórico, sem raízes, sem conhecimento directo da vária e concreta realidade nacional para além do puro congeminar e das conversas de café; professor da coragem de afirmar e "demonstrar", com a mesma engenhosa lógica formal, uma coisa e o seu contrário.

Acresce que o exemplo que P. nos deixou pode ser eticamente positivo pelo culto da sinceridade "literária" (distinta da "humana"), mas é profundamente dissolvente, à luz da pedagogia humanística, pela desagregação da personalidade, não só deliberadamente prosseguida como preconizada. (Mas — atenção! — poesia não é pedagogia...). [P. 255.]

Todas as transcrições feitas têm como único objecto mostrar palpavelmente a coloração *negativa* ou reticente das atitudes globais implicadas nas exegeses dos dois principais críticos da obra de Pessoa. Ao leitor cabe julgar ele mesmo essas opiniões, remetendo-as para os contextos que as esclarecem. Em si mesmas, algumas destas opiniões correspondem a observações que nós mesmos perfilhamos mas que lemos numa perspectiva totalmente oposta.

Quanto ao terceiro crítico, Mário Sacramento, seria necessário citar o seu livro inteiro, diatribe implacável mas coerente (do seu ponto de vista) contra o sentido inteiro (de ordem social) da obra de Pessoa. De resto, M. S. ecoa ou sintetiza com inegável talento polémico, dados e apreciações dispostos através das obras de G. S. e J. P. C. Limitemo-nos a breves passagens:

> Ora em F. P. o que logo (e sempre) nos punge é aquela solução tão por demais levianamente "fácil" da heteronímia. *Fácil,* não porque destituída de talento (pois, ao invés, só foi possível mediante um talento que diremos "excessivo") mas porque tão comprazida em trilhar um caminho da mais descarnada artificiosidade. [*F. P. Poeta da Hora Absurda,* 1.ª ed., s. d. (1958?), ed. Contraponto, p. 17.]

> Mas Caeiro não é apenas o mais sincero dos heterónimos. "O meu mestre Caeiro foi o único poeta inteiramente sincero do mundo". Quer dizer: ele não só é mestre em sentido pessoal, como depois o é como arquétipo literário ou espelho-de-poetas — em matéria de sinceridade.

Ora bem: lê-se aquilo, reabre-se o Caeiro e... concorda-se! Sim. Caeiro é sincero — porque desconcertantemente brutal... E acabamos por encontrar-lhe um nome (à sinceridade...): cinismo. [*Ibid.*, p. 44.]

Núcleo de um mito cujas origens são afinal comuns às da mais íntima das suas composições, P. tinha fatalmente de suscitar uma caudalosa corrente de equívocos, distorções e especulações adequadas àquele momento da consciência humana que a sua obra reflecte e serve.

A imagem estonteante do século xx, pródigo em "milagres" técnicos, contagiara os próprios sectores sociais que a idade da máquina era chamada a extinguir. E, à falta de conteúdo social, a arte desses sectores recolhia-se a um clima de retinto pensamento-mágico, que o sentido dos "milagres", aliás, não parecia senão justificar. À medida, todavia, que a idade dos "milagres" se ia tornando mais claramente a idade das decepções do sector social que o integrava, e que as ideologias pré--fascistas iam acenando com a premente necessidade de reaver, custasse o que custasse, um conteúdo social actuante e interveniente [...] a confusão dos que como ele ficam entre duas águas desabrocha na consciência do absurdo da situação, e recolhe nele (confundido-as) as duas concepções que experimentara — a do real e da magia. [*Ibid.*, pp. 146-147.]

Posteriormente, e com a lealdade e a coragem mental que o caracterizaram, M. S. propôs-se compensar o que ele mesmo chamou de "certo pendor dogmático" por uma releitura estética de Pessoa. Só se pode lamentar que a vida lhe não tenha consentido rever a questão. Sem alterar porventura o essencial (como o mostra um dos seus artigos) é evidente que no final da sua vida uma atitude mais "compreensiva" diante do "caso-Pessoa" começava a transparecer. Tal como existe, a sua exegese é, como o sublinhou O. Lopes, na apresentação da 2.ª edição, "uma das mais estimulantes por ser, como foi, o lugar de um confronto pessoal e transpessoal dramático cujos ecos não estão ainda extintos".

B De uma maneira geral, que a tenha manifestado esporadicamente ou com constância, a atitude crítica posterior aos anos 50 — é verdade que de preferência de críticos-poetas — é de índole positiva. Pode seguir-se a sua curva desde António Ramos Rosa, F. Guimarães a Gastão Cruz, E. do Prado Coelho, Melo e Castro e José Augusto Seabra, sem falar naturalmente dos estudiosos "pessoanos" como Maria Aliete Galhoz, penetrados da atmosfera, dos valores e da sensibilidade afim do Poeta. Essa assumpção crítica positiva ecoa por seu turno a assumpção criadora da poesia de Pessoa por quase todos os movimentos poéticos de importância nos últimos trinta anos, mormente o da geração de Jorge de Sena, Blanc de Portugal, Cinatti, mas mais visceralmente ainda o da geração surrealista, em particular, Cesariny, ou da revista *Árvore* (A. Ramos Rosa, Raul de Carvalho). A mesma perspectiva de compreensão positiva se encontra nos ensaios de David Mourão-Ferreira em que é questão de Pessoa. Mas, mais sintomático ainda, é destacar o mesmo reflexo em antigos ensaístas e críticos responsabilizados pela teorização clássica do neo-realismo, como

A. José Saraiva e Óscar Lopes. A. José Saraiva consagra na sua *Breve História da Literatura Portuguesa* duas páginas altamente encarecedoras ao Poeta e Oscar Lopes tem-se ocupado com constância particular da compreensão activa, complexa, dinamicamente polémica, da temática essencial de Pessoa (ler com atenção as páginas de *Ler e depois:* "Acerca de Fernando Pessoa". Embora lhe vaticine um futuro "à Junqueiro" ou, como M. S., a queira reenviar a "um momento de consciência" (o que ela é, naturalmente) a análise e considerações desse momento supõem uma aceitação da sua necessidade profunda, como profunda é, para ele, a transmutação dos seus antagonismos na poesia de Pessoa. Óscar Lopes não instaura *o processo* de Pessoa. Esforça-se por descrevê-lo e compreendê-lo na óptica que lhe é habitual.

C   Como é sabido, essa atenção precoce e lúcida concentrada em Caeiro deve-se a Guilherme de Castilho: *Alberto Caeiro, Ensaio e compreensão poética,* publicado no célebre número de *Presença* dedicado à memória de Pessoa (p. 13 a 16). O ensaísta destaca o carácter *excepcional* da obra de Caeiro: "talvez a mais vasta de toda a nossa literatura poética", entenda-se, a mais considerável. "Vasta... porque, na verdade, nessas duas breves colecções de poemas... encontramos nem mais nem menos que as bases essenciais de uma metafísica, de uma estética, de uma teoria do conhecimento e até de uma ética, de uma religião e de uma sociologia."

Este sentimento da importância específica da poesia-Caeiro não encontrará o mesmo eco nos patronos críticos de *Presença:* Régio e Simões. Mas a análise e os conceitos que G. de C. utiliza para descrever a visão metafísica de Caeiro — de um Caeiro lido na linha das suas afirmações — encontrar-se-á, intacta, em todos os comentadores futuros que o reutilizam quase palavra a palavra, citando-o ocasionalmente.

D Gaspar Simões consagra um extenso capítulo da sua Biografia à *Iniciação Esotérica,* portanto às relações de P. com o Ocultismo. É um capítulo particularmente bem informado que insiste sobre a importância biográfica capital do ocultismo em P. Mas uma vez mais, obcecado pelo mito da "sinceridade" acaba por negar importância verdadeira a esse mesmo ocultismo. A p. 245 do 2.º volume da *Vida e Obra* escreve: "Muito bem pode ser que o ocultismo do poeta do *Último Sortilégio* não passe, em última análise, de mais uma *boutade."*

E duas páginas adiante: "Repito: não creio que o ocultismo de F. P. fosse inteiramente sincero (haveria alguma coisa inteiramente sincera neste simulador nato?). E porque estou convencido de que o seu ocultismo era, antes, uma justificação *a posteriori* da sua poesia e dos seus desdobramentos pessoais do que um princípio *a priori...* de bom grado me presto a colaborar com o poeta nesta justificação mágica da sua obra e da sua concepção poética.

Em todo o caso insisto: tão fundo e tão naturalmente penetrou F. P. nos mistérios do ocultismo, que o ocultismo, nele, não pode deixar de corresponder a qualquer coisa de sério e de profundo."

Georg Lind dedica igualmente grande atenção ao influxo cultural ocultista e enquadra-o no panorama poético europeu desde os fins do século xvm até aos começos do século xx. É um dos capítulos mais inovadores do seu estudo: *Teoria Poética de Fernando Pessoa* (Ed. Inova, 1970).

E Ricardo Reis é o heterónimo que G. S. trata com mais visível simpatia. De certo modo por tê-lo na conta de pouco "heteronímico" ou, se se prefere, pelo seu fraco grau de "heteronimismo". Esta compreensão de Reis é justa e corresponde, como é sabido, ao lugar que Pessoa lhe assinala no seu "poetodrama", como diz J. A. Seabra. Dessa simpatia resulta uma efectiva leitura dos poemas-Reis muito menos inquinada de preconceito que a dos outros heterónimos. Jacinto do Prado Coelho insiste, sobretudo, no lado artificial, embora sublinhe a sua originalidade relativamente a Horácio, mas originalidade de ordem do jogo estético: "Em Reis, poeta derivado, tudo isso (a humana experiência do poeta latino) é divertimento estético ou figuração simbólica, horacianismo intencional". Descreve-o mesmo como "homem de ressentimento e cálculo, um homem que se faz como faz laboriosamente o estilo." Termina o parágrafo que lhe consagra escrevendo: "Reis parece existir apenas em função de um problema essencial de remediar o sentimento da fraqueza humana e da inutilidade de agir por meio de uma arte de viver que permita chegar à morte de mãos vazias e com um mínimo de sofrimento". De entre os primeiros críticos sensíveis à alta poesia de Reis é justo nomear Casais Monteiro.

F São universalmente conhecidas (e universalmente esquecidas...) as críticas implacáveis que a Biografia de J. G. Simões suscitou. Já referimos a do seu camarada de geração, Casais Monteiro. Freitas da Costa, David Mourão--Ferreira falaram de "biografia romanceada". Há que distinguir entre a organização dos dados, as incoerências de facto ou de cronologia e a *intuição* ou intuições de base da famigerada obra. Quando se lê com atenção profunda a obra de Gaspar Simões (passando por cima das múltiplas contradições fácticas) torna-se visível que não é ao nível *biográfico* propriamente dito que a sua exegese suscita mais reservas ou até escândalo e indignação. A esse nível — e não ao meramente anedótico, infelizmente sem cessar entrelaçados num magma nocivo à clara visão do essencial — a interpretação de G. S. apreendeu certas verdades capitais e a nosso ver definitivas, embora com tendência a lê-las segundo uma luz que diminui o objecto do seu estudo. Para nós, o escândalo é fundamentalmente de *ordem estética*. Baste como arquétipo de todos, a sua opinião sobre a *Ode Marítima* — um dos mais grandiosos e profundos poemas de que pode orgulhar-se a língua portuguesa — relegado por G. Simões para o inferno da *mistificação verbal*.

G Embora não altere a coerência da intuição basilar é um facto que se amalgamam na explicação da génese *psicológica* da heteronímia, segundo G. S., explicações ou motivações de ordem heterogénea: complexo de Édipo, fatalismo nacional ou racial, etc. Estas "contradições" foram apontadas sucessivamente por Pierre Hourcade, Casais Monteiro e J. do Prado Coelho.

H Desconcertados pelo fenómeno heteronímico e desesperando dar-lhe uma interpretação positiva, certos exegetas de Pessoa como G. S. ou M. Sacramento acabaram por não *tomar a sério* a heteronímia. É célebre a passagem de um artigo de G. Simões no semanário *Átomo*, posterior à Biografia e que tanto indignou Casais Monteiro, na obra de onde a transcrevemos:

> Pois bem: estou absolutamente convencido de que todos nós somos vítimas de um mesmo erro, e não me excluo do número dos mistificados. F. P. não quis ser outra coisa senão isso mesmo: um mistificador. E nós, seus críticos, negando-nos a aceitá-lo como ele queria, afinal, que o aceitássemos, prestamo-nos a um jogo perigoso. Lá, do Além de onde ele nos olha, a nossa atitude de investigadores sérios e conscienciosos do seu "drama em gente", deve constituir para ele o mais estupendo motivo de chofa. Caímos na armadilha. Fomos realmente burlados, como foram burlados os seus amigos para quem ele preparou, de peito feito, a grande "palhaçada" dos seus heterónimos.

À primeira vista a indignação de Casais Monteiro justifica--se. Mas é ser injusto para com G. S. não compreender, para além da formulação inaceitável, o sentido dela: não implica condenação radical da poesia mesma de Pessoa, o que seria burlesco para quem dedicou 700 páginas ao autor dela, mas relegação definitiva (?) do fenómeno heteronímico como digno de interesse, além do "patológico-literário".

É, por outros motivos, a conclusão de M. Sacramento: "Esclarecido o significado que a heteronímia teve na sua obra, esqueçamo-la; passemos a considerar *e a usar* os nomes de *Alberto Caeiro, Álvaro de Campos e Ricardo Reis* como meros *títulos* de obra — no género, por exemplo, do que deu o nome à *Lírica de João Mínimo* de Garrett... Se tudo isso foi necessário (e foi) para que a sua obra hoje exista tal qual é, vai sendo tempo de lhe tirar esses andaimes... recolhamo-los a um museu de literatura e, *quando disso se trate,* falemos criticamente deles com a sinceridade com que aqui o tentámos." Note-se que, como dissemos, C. Monteiro não esteve longe desta tentação. Mau grado as reticências que o processo heteronímico lhe sugere (na linha de Régio, que é afinal a primeira fonte da *contestação* da seriedade e alcance da heteronímia...), Jacinto do Prado Coelho opõe-se nitidamente a G. S. e a M. S. e considera a justo título que a compreensão da poesia de Pessoa se liga à compreensão do fenómeno heteronímico: "Discordo, além disso, da maneira displicente como Sacramento encara os heterónimos, vendo neles produtos arbitrários, desprovidos da sinceridade que P. na célebre carta a Cortes-Rodrigues de 19-1-1913, lhes atribui." (Apêndice à 3.ª ed.)

I   Nas *Odes* tais como as conhecemos, Lídia é o duplo-feminino do sujeito que nelas se exprime. Convém, contudo, assinalar que numa versão da *Ode* marcada com o n.º 326 na ed. de O. P. publicada em apêndice por M. Aliete Galhoz (p. 736), a celebração mútua não se faz com Lídias e Neeras, mas com um *mancebo:*

> Um para o outro, mancebo, realizemos
> A beleza improfícua mas bastante

De agradar um ao outro
Pelo prazer dado aos olhos.

J   A excepção aduzida contra a imobilidade de "mar sem água da poesia ortónima" a que nos referimos, é o pequeno poema de 1930:

> Dá a surpresa de ser.
> É alta, de um louro escuro.
> Faz bem só pensar em ver
> Seu corpo meio maduro.
> ....
> Apetece como um barco.
> Tem qualquer coisa de gomo.
> Meu Deus, quando é que eu embarco?
> Ó fome, quando é que eu como?

O seu carácter de "raridade" — sublinhado por J. do Prado Coelho — e sobretudo o seu carácter lúdico, não permitem opô-la com relevância à massa impressionante dos outros poemas.

K   É a seguinte a memorável página em que o jovem Pessoa exprime com a implacável lucidez que o caracteriza o sentimento de *pânico sexual* a que nos referimos:

> Quanto à sensibilidade, quando digo que sempre gostei de ser amado, e nunca de amar, tenho dito tudo. Magoava-me sempre o ser obrigado, por um dever

de vulgar reciprocidade — uma lealdade de espírito —
a corresponder. Agradava-me a passividade. De actividade, só me aprazia o bastante para estimular,
para não deixar esquecer-me, a actividade em amor
daquele que me amava.

Reconheço sem ilusão a natureza do fenómeno. É uma
inversão sexual fruste. Pára no espírito. Sempre, porém,
nos momentos de meditação sobre mim, me inquietou,
não tive nunca a certeza, nem a tenho ainda, de que essa
disposição de temperamento não pudesse um dia des-
cer-me ao corpo. Não digo que praticasse então a sexualidade correspondente a esse impulso; mas bastava o
desejo para me humilhar. Somos vários desta espécie,
pela história abaixo — pela história artística sobretudo,
Shakespeare e Rousseau são dois exemplos, ou exemplares, mais ilustres. E o meu receio da descida ao corpo
dessa inversão do espírito — radica-me a contemplação
de como nesses dois desceu — completamente no primeiro, e em pederastia; incertamente no segundo, numa
vago masoquismo. [*Páginas Íntimas*, p. 28.]

L   Pessoa teve ocasião de insistir na fundura e qualidade
da educação inglesa que recebeu. G. Simões pôs em relevo
e com vigor, o impacto dessa educação, para em seguida lhe
atribuir o qualificativo de "cultura de estufa" devido ao facto
de ter sido bebida em Durban e não em Londres. Ao seu
cenário biográfico convinha acentuar este carácter "trans-
plantado" da cultura recebida por Pessoa. Que enquanto
"colonial" a cultura inglesa da África do Sul tivesse então
um suplementar vector "abstracto" não é de excluir. Mas

em si mesma a cultura inglesa não é cultura que favoreça especialmente a tendência para a abstracção. Acontece que segundo Alexandre S. Severino que estudou o meio social e cultural da época, durante o período dos estudos de Pessoa, a seriedade e a "britanicidade" desses estudos não deixa lugar a dúvidas. Não se fica com a impressão, lendo-o, que Durban fosse uma espécie de enclave britânico na selva, tão cortado da pulsão cultural da metrópole que só pudesse inculcar uma *cultura livresca*, aquela que G. S. atribui como uma fatalidade a F. Pessoa: "Por índole e por viciação originárias dessa mesma cultura, F. P. arriscava-se a permanecer, tal como saiu de Durban — *livresco*, desenraizado, de estufa." (P. 72 do 1.º vol. de V. O.)

M Falta-nos em português um estudo no género do de Gonzalo Sobejano — *Nietzsche en España* — que nos permita medir a extensão da sua influência, impacto e incidências na cultura portuguesa de fins do século XIX até ao primeiro terço do nosso século. A sua presença em vários colaboradores de *A Águia* é manifesta e confessada. Isto permitirá situar com mais precisão o especial "nietzschianismo" de Pessoa, que foi objecto de referências diversas, não só sob a pluma dos três principais exegetas por nós mencionados, como sob a de Jorge de Sena que dedicou à similitude do conceito de *mentira* (ou verdade) num e noutro observações do maior interesse. Pessoa situa-se numa trama difusa de "nietzschianismo" que abrange desde a gente de *A Águia* ou Aquilino Ribeiro (ver o estudo recente de Nelly Novaes Coelho) até Raul Proença (ver estudo antigo de Sant'Anna Dionísio).

EDUARDO LOURENÇO

N A actividade *crítica* de Pessoa — e em geral a sua obra em prosa — não encontrou graça diante de bom número dos seus comentadores. A excepção à regra encontra--se no editor das *Páginas de Doutrina Estética* e nas novas gerações, que manifestam mais interesse pelo que certos não hesitaram em chamar "elocubrações" ou delírios, que pelas teorias de que os mesmos são expoentes. G. Lind na sua última obra resume toda uma corrente que procede de G. S. para quem a *crítica literária moderna* começou com a *Presença:* "F. P. não contribuiu com nada de notável para a crítica, etc." A análise dos artigos extraordinários de *A Águia* feita por G. Simões é um exemplo de incompreensão activa de um texto em função de um mito prévio, o da *Presença,* como primeiro exemplo de crítica digna desse nome.

O Temos conhecimento de um estudo sobre o *Fausto* de Manuel Gusmão, ainda não publicado. Tratando-se de um dos mais argutos dos jovens críticos seria de desejar que tal estudo viesse a lume. O antigo professor da Universidade de Coimbra, Albin E. Beau, dedicou aos "poemas dramáticos" um estudo que infelizmente não pudemos consultar, intitulado "Sobre os fragmentos do *Fausto* de F. P.".

P As opiniões acerca do *Ultimatum* divergem. G. S. considera-o "peça panfletária de alta virulência e penetrante análise" (p. 127 do 2.º vol.). G. Lind minimiza-lhe o alcance considerando-o desactualizado na sua percepção da cultura viva da época e nota-lhe as lacunas de informa-

258

ção. Pode defender-se tal ponto de vista, mas não parece ser o que se adequa ao propósito confessado de A. de Campos: evacuar *os mandarins da Europa*. Por que razão A. Campos daria "mandado de despejo" aos Claudel, aos Unamuno, aos Gide ou aos "grandes escritores russos e todos os grandes escritores alemães" se não eram *então* mandarins ou como tal os não considerava? Os *mandarins* (quer dizer os *valores de consumo* da época que ele detesta) são *bel et bien* os que ele cita... Com o interesse renovado pelos movimentos iconoclastas do começo do século, textos como os do *Ultimatum* suscitam hoje a mais viva atenção. O *Ultimatum* juntamente com outros textos modernistas acaba de ser objecto de uma esmerada tradução para francês por J. Augusto Seabra (*Le retour des dieux*, Ed. Le Champ Libre, 1973).

Q G. Simões sentiu com particular acuidade a força de *Passagem das Horas* e opõe a sua humanidade e sinceridade à dos outros grandes poemas do primeiro A. de Campos. As suas razões não são as nossas, mas não se pode deixar de estar de acordo com a sua leitura e a importância, na verdade indiscutível, de um tão pungente poema.

R Embora falte, como dissemos, o livro que o ocultismo de P. está exigindo, não se deve esquecer a contribuição que G. S., G. Lind, J. P. Coelho e J. de Sena têm dispensado ao assunto. Recentemente, Dalila L. Pereira da Costa escreveu um longo ensaio sobre *O Esoterismo de F. P.* (Ed. Lello e Irmão, 1971) acaso, privado em excesso, daquela íntima "distanciação" que toda a abordagem de Pessoa supõe, mas bem documentado, além de escrito numa espécie de sintonização e familiaridade subjectiva com o objecto de estudo.

É pena que entre outros, o conceito capital de *Deus* seja utilizado no seu discurso sem as precauções e as reticências que o sentido global da visão de P. impõe. Ainda em relação com o Ocultismo assinalemos uma interessante leitura de *O Último Sortilégio* de Isolda Tremel.

S É porventura discutível o conferir aos *ultima verba* uma transcendência superior a todas as outras que "disseram" uma vida ao longo dos anos e, sobretudo, àqueles onde se desejou depositar o inacessível sentido dessa vida. Entre as duas versões que conhecemos, empiricamente verosímeis uma e outra, a de G. Simões ("dá-me os óculos") e a de J. de Sena ("amanhã o que virá") escolhemos como símbolo mais adequado para resumir a sua aventura poética e espiritual a segunda citada, conferindo-lhe por nossa vez um sentido que sem ser contraditório com o que G. Simões atribuiu à sua versão é para nós o único que justifica que Pessoa tenha sido quem foi e, por tê-lo sido, o continue a ser. G. Simões deu ao gesto que atribuiu ao Poeta o sentido de uma reconciliação final com *o mundo tal qual é,* triunfo último do prosaísmo que é a lei autêntica da vida, conferindo assim ao homem o que seria o fim mítico de Caeiro, tal como ele o interpreta.

É a sua maneira de abolir o *trágico* da existência de Pessoa ou da existência em geral, reenviando-o para uma humanidade colocada sob o signo da banalidade.

Da nossa ideia de banalidade faz parte o *trágico* mesmo. Escolhendo a versão de J. de Sena deixamos o vento do largo que Pessoa tanto amou desenhar sobre o seu rosto uma última sigla enigmática conforme à que suscitou e para sempre encerrará a sua poesia.

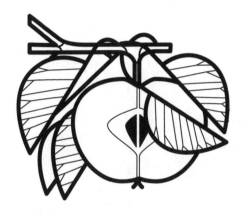

EDUARDO LOURENÇO

Eduardo Lourenço (de Faria) nasceu a 23 de maio de 1923, em Portugal, mais precisamente em S. Pedro de Rio Seco, distrito da Guarda. Frequentou o Curso de Histórico-Filosóficas na Faculdade de Letras da Universidade de Coimbra, onde concluiu a licenciatura no dia 23 de julho de 1946, com uma dissertação com o título *O sentido da dialéctica no idealismo absoluto. Primeira parte.*

Assumiu as funções de Professor Assistente nessa Universidade, cargo que desempenhou até 1953. Desde então e até 1958 exerceu as funções de Leitor de Língua e Cultura Portuguesa nas Universidades de Hamburgo, Heidelberg e Montpellier. Nos anos de 1958 e 1959 regeu, na qualidade de Professor Convidado, a disciplina de Filosofia na Universidade Federal da Bahia (Brasil). Ocupou depois o lugar de Leitor a cargo do Governo francês nas Universidades de Grenoble e de Nice. Nesta última Universidade desempenhou posteriormente as funções de Maître-Assistant, cargo que manteve até à sua jubilação, no ano letivo de 1988-1989.

Publicou o seu primeiro livro, *Heterodoxia I*, em novembro de 1949. Ao seu livro *Pessoa revisitado — leitura estruturante do drama em gente* foi atribuído o Prêmio da Casa da Imprensa (1974). Em 10 de junho de 1981, foi condecorado com a Ordem de Sant'Iago d'Espada. Pelo seu livro *Poesia e metafísica* recebeu, em 1984, o Prêmio de Ensaio Jacinto do Prado Coelho. Dois anos mais tarde, foi distinguido com o Prêmio Nacional da Crítica graças a *Fernando, rei da nossa Baviera*. Por ocasião da publicação da sua obra *Nós e a Europa — ou as duas razões*, foi galardoado com o Prêmio Europeu de Ensaio Charles Veillon, que distingue o conjunto da sua obra. Dirigiu, a partir do inverno de 1988, a revista *Finisterra — Revista de reflexão e crítica*. Foi nomeado Adido Cultural na Embaixada de Portugal em Roma. Foi condecorado com a Ordem do Infante D. Henrique (Grande Oficial). Recebeu, no dia 1 de julho de 1992, o Prêmio António Sérgio. Participou no Parlamento Internacional de Escritores (1994, Lisboa). Pela sua obra *O canto do signo*, recebeu em 1995 o Prêmio D. Dinis de Ensaio. Recebeu outras incontáveis distinções, entre as quais se destacam: Prêmio Camões (1996), Officier de l'Ordre de Mérite pelo Governo francês (1996), Chevalier de L'Ordre des Arts et des Lettres pelo Governo francês (2000), Prêmio Vergílio Ferreira da Universidade de Évora (2001), Medalha de Ouro da Cidade de Coimbra (2001), Cavaleiro da Legião de Honra (2002), Prêmio da Latinidade (2003), Grã-Cruz da Ordem Militar de Sant'Iago d'Espada (2003), Prémio Extremadura a la Creación (2006), Medalha de Mérito Cultural pelo Governo português (2008), Medalha de Ouro da Cidade da Guarda (2008) e Encomienda de Numero de la Orden del Mérito Civil pelo Rei de Espanha (2009), Prêmio Pessoa (2011), Grã-Cruz da Ordem da Liberdade (2015) e Prêmio Vasco Graça-Moura — Cidadania cultural (2016).

Eduardo Lourenço é ainda Doutor Honoris Causa pela Universidade do Rio de Janeiro (1995), Universidade de

Coimbra (1996), Universidade Nova de Lisboa (1998) e Universidade de Bolonha (2006). De 2002 a 2012, exerceu as funções de administrador não executivo da Fundação Calouste Gulbenkian. A convite do Presidente da República portuguesa, integra desde 2016 o Conselho de Estado.

Nesta coleção tem publicado *O labirinto da saudade*.

PESSOA REVISITADO

*foi composto em caracteres Filosofia OT
e impresso pela Geográfica, sobre papel
Pólen Bold de 90 g/m²,
em dezembro de
2017.*

GRANDES
ESCRITORES
PORTUGUESES

———

Agustina Bessa-Luís, *Breviário do Brasil*
Herberto Helder, *Os passos em volta*
Antero de Quental, *Causas da decadência dos povos peninsulares*
Eduardo Lourenço, *O labirinto da saudade*
Herberto Helder, *Poemas completos*
Herberto Helder, *Photomaton & vox*

…